MINISTÈRE DE LA MARINE ET DES COLONIES.

EXERCICES

DES

BOUCHES A FEU

EN USAGE DANS LA MARINE.

DEUXIÈME ÉDITION.

PARIS

ROBIQUET, LIBRAIRE-HYDROGRAPHE,

Rue Pavée Saint-André des Arts, 2.

1850.

EXERCICES

DES

BOUCHES A FEU

EN USAGE DANS LA MARINE.

MINISTÈRE DE LA MARINE ET DES COLONIES.

EXERCICES

DES

BOUCHES A FEU

EN USAGE DANS LA MARINE.

1re PARTIE.

Exercices à bord des bâtiments.

PARIS

ROBIQUET, LIBRAIRE-HYDROGRAPHE,

Rue Pavée Saint-André des Arts, 2.

1850.

AVERTISSEMENT.

L'attention particulière donnée, depuis quelques années, aux questions relatives à l'artillerie de marine, a amené, tant dans le matériel des canons que dans la manière de les charger et de les manœuvrer, d'utiles et importantes modifications.

Ces modifications ont rendu suranné, malgré sa date récente, le dernier exercice publié en 1834, et il est devenu nécessaire d'en refaire la rédaction.

Les principales améliorations introduites dans le matériel sont : les *hausses*, les *percuteurs*, les *étoupilles fulminantes*, les *coins d'arrêt* et les *valets erseaux*.

Les *hausses* ont donné au pointage une justesse, une facilité et une promptitude qu'il n'avait point eues jusqu'ici. Il est vrai que, dans les combats rapprochés, où la fumée dérobe les combattants à la vue l'un de l'autre, les hausses, tout en étant encore une bonne indication, voient diminuer leurs avantages; mais elles les retrouvent tous quand on combat à distance, que le tir est lent, et que la fumée, chassée à mesure par la brise, n'empêche pas le pointage de se faire.

Le *percuteur* à marteau, dont la construction est si solide et l'usage si commode, et les étoupilles fulminantes, ont remplacé avec un grand avantage les batteries à silex et les étoupilles ordinaires.

Avec les percuteurs et les étoupilles fulminantes a disparu l'usage habituel de la corne d'amorce, qui causait des accidents de feu et entraînait des lenteurs; le tir est instantané et les avaries, dans la platine destinée à communiquer le feu, sont plus rares et plus faciles à réparer. Le boute-feu ne sert plus que comme une ressource pour des cas peu communs.

Les *coins d'arrêt*, dont on fait usage dans les batteries de côte, ne sont pas non plus une amélioration sans importance ; la manœuvre en est facile ; la pince, dont le maniement est si incommode, qui occasionnait souvent des blessures et détériorait les ponts, est devenue presque complétement inutile.

Le *valet erseau*, auquel on a enlevé une section d'environ 2 centimètres, présente le grand avantage de rendre toujours facile l'introduction simultanée de toute la charge dans la pièce , et ensuite d'être d'un placement commode à bord. Cependant, on n'a point abandonné entièrement l'usage du valet plein et cylindrique; seulement celui-ci ne doit servir que dans les circonstances exceptionnelles indiquées dans les notes sur l'exercice.

Les modifications apportées dans le matériel, et qui

viennent d'être signalées, ont amené des changements dans la manière même de charger la pièce, de la pointer et de la tirer.

Il s'est manifesté, dans les méthodes de manœuvre des pièces, une tendance à en accélérer le service, et, si l'on a blâmé cette tendance comme devant conduire à une précipitation dangereuse, c'est qu'on n'a pas remarqué que, dans le service d'une pièce, il existe deux parties bien distinctes : la *charge* et le *pointage*.

L'une de ces parties, le *pointage*, ne saurait être exécutée avec trop de soin et de méthode; le chef de pièce doit y mettre tout son calme, toute son attention. L'autre partie, au contraire, la *charge*, ne saurait être trop hâtée. Il faut gagner là tout ce qu'on peut en promptitude, pourvu qu'on ne compromette en rien la sûreté des servants ni le matériel de la pièce. Il est clair qu'à pointage égal, toutes précautions prises d'ailleurs, c'est à celui qui charge le plus vite que reste l'avantage, et, s'il advient que le pointage ne soit plus qu'accessoire, par l'effet du rapprochement des navires, alors le succès est évidemment pour celui qui s'est habitué à charger le plus vite.

Ces considérations ont paru décisives, et c'est dans ce sens qu'ont été poussés les derniers essais et les dernières expériences, sans s'arrêter aux vaines accusations de précipitation.

Le *pointage* sera donc lent, soigné, méthodique ; la *charge* s'exécutera le plus promptement possible.

C'est pour ce dernier motif qu'on a ordonné l'emploi des *deux chargeurs* et de la *charge simultanée*. L'aide que se prêtent les deux chargeurs pour écouvillonner, introduire la charge et refouler, rend leur service très prompt et très sûr.

La forme des gargousses ordinaires ne permettait pas la charge simultanée pour les pièces chambrées, mais une forme nouvelle donnée à ces gargousses a rendu cette charge possible, et la même méthode a dû s'appliquer à la charge des pièces chambrées.

On voit, d'après ce qui précède, quel a dû être le but qu'on s'est proposé dans la rédaction du présent exercice de détail et des notes qui l'accompagnent :

Constater toutes les modifications introduites dans le matériel de l'artillerie et y adapter la rédaction des exercices ;

Donner à l'enseignement du pointage des formes rationnelles et toute l'étendue que mérite cette partie principale de la manœuvre des canons ;

Enfin, adopter et enseigner toutes les méthodes propres à accélérer le tir et que l'expérience a sanctionnées. Dans le texte de l'exercice de détail on s'est efforcé de ne s'éloigner que le moins possible de la forme des anciens exercices, dont les paroles sont dans toutes les mémoires et qui d'ailleurs sont à la fois claires et méthodiques. Quand on a dû introduire de nouvelles méthodes on a cherché à se rapprocher de leurs manières de dire. Toutefois, on a cru devoir faire disparaître un assez grand nombre de paroles inutiles dont ils sont encombrés, qui les rendent un peu diffus et qui, sans doute, n'ont été conservées jusqu'ici que par la force de l'habitude.

Tout ce qui, n'étant pas d'un usage général, ne peut entrer dans le corps de l'exercice, tous les détails sur les cas spéciaux qui se présentent pendant le combat, les diverses précautions à prendre, les règles principales du pointage, etc., etc. ont été rejetées dans les notes, ainsi que cela a été pratiqué dans les exercices de 1834 et de 1811.

Enfin, pour compléter autant que possible tout ce qui doit composer l'instruction du matelot canonnier, on a réuni dans un manuel (partie théorique) tous les renseignements épars que l'on a pu trouver tant dans les anciens exercices que dans les diverses notes particulières et les divers travaux soumis à l'appréciation de M. le ministre de la marine.

ÉTAT faisant connaître le nombre d'hommes nécessaire pour le service des diverses bouches à feu en usage dans la marine.

DÉSIGNATION DES EMPLOIS.	CANONS				CARONADE.
	de 36 et obusier de 80.	de 30 et de 24, longs et courts.	de 18 et de 12, et obusier de 30.	de 8.	
Chef de pièce...	1	1	1	1	1
Servants.......	12	10	8	6	2
Pourvoyeurs...	1	1	1	1	1
Totaux..	14	12	10	8	4

EXERCICES DIVERS.

Branle-bas de combat.

Les pièces de la batterie sont partagées en deux divisions, commandées chacune par un officier, et chacune de ces divisions est elle-même divisée en deux sections commandées par des officiers ou élèves.

Le branle-bas de combat est indiqué, suivant les circonstances, par :

Le rappel ordinaire,

Le rappel accéléré,

Ou la générale.

Le rappel ordinaire indique que l'exercice sera simple, d'un bord, et se fera dans la batterie et du bord où l'on rappelle.

Le rappel accéléré, au contraire, signifie que l'exercice sera général, que l'on doit fermer les panneaux, que l'on doit ouvrir les soutes, que les puits doivent être allumés, les passages des poudres organisés, les pompes gréées, les pièces approvisionnées et démarrées des deux bords.

La générale indique que toutes les dispositions quelconques pour le combat doivent être prises.

Rappel ordinaire.

Les hommes se rendent à leurs pièces du bord où l'on rappelle, et s'y placent à leurs postes, ainsi qu'il est prescrit par le rôle de combat et les dispositions établies à bord. (Les pièces sont supposées chargées et amarrées à garants simples; si elles sont à la serre ou amarrées à garants doublés, on commencera par les dessaisir).

Au commandement APPROVISIONNEZ LA BATTERIE,

Les 1er et 2e servants placent l'écouvillon et le refouloir sur le pont, la tête tournée du côté de la culasse, l'écouvillon en dedans, le refouloir en dehors ; l'écouvillon est décoiffé; ils font tomber les parties basses des sabords dans les batteries hautes; ils mettent la baille de combat et son faubert, ainsi que le seau à incendie, à leur place, sur le pont, et placent le fanal au lieu ordonné. Le deuxième servant de gauche veille particulièrement à disposer les projectiles et les valets.

Les 3e et 4e servants prennent les anspects, les embarrent sur les adents de l'affût, élèvent la culasse afin que le chef puisse retirer le palan de retraite et les valets, si ces objets sont placés sur la sole, et mettre en place pour le tir le coussin et le coin de mire; les anspects sont mis ensuite à droite et à gauche de la pièce, le gros bout tourné vers la muraille; les mêmes servants disposent les palans de côté.

Le 5e servant de gauche dispose et croche le palan de retraite, la poulie simple à la boucle du pont, la poulie double au piton de retraite.

Le 5e servant de droite s'équipe du tablier qu'il a retiré du gargoussier.

Le dernier servant de droite de la 2e pièce de chaque section va chercher (et allumer, si c'est l'exercice à feu que l'on va faire) le boute-feu destiné à être placé dans une baille de la section. (Pour les pièces de 36, les sixièmes servants aident les cinquièmes dans tout ce qui leur est prescrit. Un nombre suffisant de cornes d'amorces pleines restent disposées dans les soutes à poudre pour être envoyées au besoin dans des gargoussiers.)

Le pourvoyeur se saisit du gargoussier, et, si l'on doit faire l'exercice à feu ou combattre, se rend au passage des poudres pour y recevoir un gargoussier plein.

Le chef de pièce s'équipe de la boîte à étoupilles, du doigtier ou tampon de lumière, du dégorgeoir attaché à la ceinture de la boîte à étoupilles; il met la pièce à même de tirer, et surveille le travail des servants.

Rappel accéléré.

Aussitôt que les hommes sont rendus à leur poste du bord que l'on a ordonné d'armer, le commandant de la batterie commande : APPROVISIONNEZ LES DEUX BORDS; alors les servants de droite font par le flanc gauche et se portent à la pièce correspondante de l'autre bord; le chargeur en devient le chef; les servants de gauche et le pourvoyeur restent à la pièce du chef; les premiers et deuxièmes servants font par le flanc gauche, par file à gauche et passent à la droite de la pièce; les troisième, quatrième et cinquième restent à gauche.

Alors, à chaque pièce :

Les 1ers servants exécutent ce qui a été prescrit dans l'armement d'un seul bord, à l'article premier et deuxième servants.

Les 2es servants font ce qui a été ordonné dans l'armement d'un seul bord aux troisièmes et quatrièmes servants, et de plus, disposent le palan de retraite.

Le chef s'équipe de la boîte à étoupilles, ainsi que de tous les objets qui sont indiqués dans l'armement d'un seul bord.

Dès que le chef provisoire aura achevé ses dispositions de combat, il rejoindra, avec ses servants, la pièce du chef titulaire, et chacun reprendra son poste; le cinquième servant de droite s'équipe alors du tablier.

Les 5es servants de gauche restés avec le chef de pièce vont chercher les approvisionnements suivants :

Le cinquième servant de gauche de la première pièce de chaque section, le boute-feu, qui est allumé s'il y a lieu;

Le cinquième servant de gauche de la deuxième pièce, les

cuillers et tire-bourre qui sont apportés et placés au centre de chaque section en arrière des pièces, s'ils n'y sont pas déjà placés à demeure[1].

Les armes d'abordage sont complétées aux pièces et visitées par les hommes qui doivent s'en servir.

Le cinquième servant de gauche de la troisième pièce, les caisses à cartouches pour fusils et pour pistolets destinées pour la batterie, et qui doivent être placées au lieu désigné pour être immédiatement distribuées aux divisions d'abordage.

Les 2es maîtres de batterie vont prendre leurs sacs préparés à l'avance; les hommes du passage des poudres apportent les manches et les introduisent dans les panneaux de combat, qui ont été placés par les charpentiers et les calfats.

Nota. Si le branle-bas a lieu la nuit, les sabords devant être ouverts par un mouvement d'ensemble, au commandement du chef de batterie, il ne faut pas, dans ce cas, laisser tomber sans ordre les parties basses des sabords à mantelets brisés.

La Générale.

La générale comprend toutes les dispositions de combat tant pour la manœuvre que pour l'artillerie; dès qu'elle se fait entendre, les servants se portent à leurs

[1] La machine à démonter des affûts de rechange et une brague de rechange pour chaque section doivent être disposés dans l'entrepont.

pièces, au bord indiqué, les dessaisissent, les approvisionnent immédiatement, suivant l'ordre du chef de la batterie, et conformément à ce qui a été prescrit pour le rappel accéléré.

Si le branle-bas a lieu la nuit, les hamacs sont portés aux bastingages où ils sont arrimés par les gabiers : les hommes de la manœuvre procèdent aux autres dispositions de combat.

Les maîtres des différentes professions placent les rechanges dans les lieux indiqués pour le combat.

Appels.

Les appels se font à la fois et par pièce; les chefs de pièce en rendent compte aux chefs de section qui les reçoivent, les vérifient et les rapportent au chef de division, celui-ci les transmet au chef de batterie, en sorte qu'ils parviennent au commandant suivant l'ordre hiérarchique.

EXERCICE DU CANON D'UN BORD.

Roulement.

Le roulement indique que l'on va commencer l'exercice et qu'il faut observer le plus grand silence. Toute parole inutile est donc sévèrement interdite, soit pendant l'exercice, soit devant l'ennemi.

Les chefs de pièce font face au sabord, les servants font face à leur pièce, et s'alignent sur les deux premiers servants, tous se serrent à bord, de manière que les coudes s'affleurent, la tête haute, l'œil dirigé du côté du chef, les pieds sur le même alignement, le corps d'aplomb, les bras pendants, les mains dans les rangs, ouvertes et à plat sur les cuisses.

A la fin du roulement chacun reste immobile.

1er COMMANDEMENT.

Détapez, démarrez vos canons!

Un temps.

Le premier servant de droite détape le canon et place la tape contre le bord derrière lui ; le chef de pièce, aidé des servants placés près de lui, démarre le canon et l'assujettit contre le bord en passant au collet du bouton de culasse un tour de chaque garant, qu'il fait tenir par les deuxièmes servants de droite et de gauche; puis, il ôte le couvre-lumière et le passe au troisième servant de droite qui le met près du bord en arrière des servants.

Il relève le marteau. (ACTION !).

2e COMMANDEMENT.

Dégorgez ! — Amorcez !

Un temps.

Le chef de pièce prend le dégorgeoir de la main droite, l'enfonce dans la lumière, s'assure que la charge n'a pas bougé et perce la gargousse; il ouvre la boîte à étoupilles, en prend une et l'introduit dans la lumière, en pressant fortement, avec le pouce, le godet sur le champ de lumière. Il referme la boîte après avoir pris l'étoupille. (ACTION !).

3e COMMANDEMENT.

Pointez !

Trois temps.

Premier temps. Le chef de pièce place la hausse au cran indiqué par le chef de batterie et pour la charge qu'il sait être dans le canon, puis il se place à droite du palan de retraite, le pied gauche en avant et à plat, le genou ployé, la jambe droite allongée, la main gauche sur la plate bande de culasse, et la main droite à la poignée du coin de mire. Les troisièmes servants, aidés par les quatrièmes pour les gros calibres (le 24 et au-dessus), prennent les anspects, les placent sur les adents de l'affût, et ils élèvent ou abaissent la culasse, au signal du chef, jusqu'à ce que le canon soit au point convenable, c'est-à-dire, que la ligne de mire se trouve dirigée, autant que possible, sur le point où l'on doit viser, lorsque le bâtiment est dans une position moyenne à ses balancements de roulis.

Si le pointage doit être très-oblique, on commencera par porter la pièce sur l'avant ou sur l'arrière, de manière à ce qu'elle soit à peu près en direction. On pointe en hauteur et on attend le deuxième temps pour rectifier la direction. (ACTION !)

Deuxième temps. Les mêmes servants embarrent aux flasques pour diriger la pièce à droite ou à gauche suivant le signal du chef, le chef se relève, décapelle les garants; il en charge les derniers servants, aidés par ceux qui ne sont pas occupés au pointage, pour que tous contienneut la pièce au sabord, puis il prend de la main droite le cordon du percuteur et se porte vivement en arrière du recul du canon. Il vise, en s'inclinant et en mettant dans le même alignement, son œil, le point le plus élevé de la hausse, le point le plus élevé de la masse de mire et l'objet à battre. (ACTION !)

Troisième temps. Dès que le pointage est fini, le chef fait le signe : *A postes*, auquel les servants chargés des anspects les retirent de dessous les flasques et reprennent leur alignement : ils les tiennent le bout posé sur le pont, hors de la direction des roues. (ACTION !)

4e COMMANDEMENT.

Feu !

Deux temps.

Premier temps. Le chef de pièce attend que les mouvements du navire amènent la ligne de mire dans la direction du point où l'on doit viser, et, quand il le voit près d'arriver, il l'indique par un signal, puis il fait feu, en tirant fortement et sans secousse sur le cordon du percuteur. A ce signal du chef de pièce, les servants chargés des garants de palan les laissent tomber hors de la direction des roues ; ceux qui ont les anspects les posent sur le pont ; tous les servants, à l'exception des premiers de droite et de gauche, se portent vivement au palan de retraite pour l'abraquer et même palanquer la pièce jusqu'à longueur de brague. Les premiers servants prennent les coins d'arrêt et calent les roues dès que l'affût n'est plus au sabord ; le chef love le cordon du percuteur etre lève le marteau.

Le dernier servant de gauche fait une demi clef au

palan de retraite; tous les servants se serrent faisant face à leur pièce; les troisièmes à la hauteur du chef, les deuxièmes reprennent leurs postes[1]. (ACTION!)

Deuxième temps. Les troisièmes servants de droite et de gauche, aidés des quatrièmes pour les gros calibres, prennent les anspects, les embarrent sur les adents de l'affût, élèvent ou abaissent la culasse pour que le chef puisse placer le coussin et le coin de mire, de manière à mettre la pièce à même d'être chargée; les autres servants rouent les garants de palans de retraite et de côté; les anspects sont remis à leur place et chacun reprend son poste (ACTION!)

5e COMMANDEMENT.

Bouchez la lumière, écouvillonnez, au refouloir!

Deux temps.

Premier temps. Le chef de pièce prend le dégorgeoir de la main droite, et l'enfonce dans la lumière pour voir si elle est dégagée, il la bouche bien ensuite avec le pouce de la main gauche jusqu'à ce que la pièce soit chargée, ne l'ôtant, pour sonder, que lorsque les chargeurs sont bien effacés. Les premiers servants de droite et de gauche se portent en même temps à la volée en passant par dessus les palans et la brague; le deuxième servant de droite remet au premier l'écouvillon, que celui-ci enfonce dans

[1] Dans les exercices à feu, et lorsque le rappel de la pièce au sabord n'est pas à craindre, le mouvement de caler les roues avec les coins d'arrêt peut être fait par les deuxièmes servants: le service en est plus rapide parce que les chargeurs se portent de suite à la volée de la pièce et le second servant de droite est plutôt paré à passer l'écouvillon.

la pièce, et aussitôt il prend le refouloir et le place sous la volée entre les chargeurs, la hampe reposant sur le seuillet du sabord, le bouton sur le pont touchant l'essieu de devant. (ACTION !)

Deuxième temps. Le premier servant de droite, aidé du premier de gauche, tourne plusieurs fois l'écouvillon au fond de l'âme dans le sens convenable pour faire prendre le tire-bourre ; il le retire en continuant à le tourner dans le même sens, l'appuie sur le bourrelet, le frappe plusieurs fois en dévirant pour faire tomber les culots de gargousse et la crasse, et le passe aussitôt au deuxième servant de droite qui le pose sur le pont ; il saisit le refouloir de la main gauche.

Le chef de pièce introduit le dégorgeoir dans la lumière pour s'assurer qu'elle est parée. Si elle ne l'était pas, il ferait le commandement : *Écouvillonnez !* et le deuxième servant de droite renverrait aussitôt l'écouvillon au chargeur pour recommencer le mouvement. Le chef rebouche la lumière.

Le dernier servant de droite nettoie le marteau, visite l'escargot et l'écouvillon ; les garants de côtés sont passés aux derniers servants qui les laissent reposer sur le pont. (ACTION !)

6e COMMANDEMENT :

La charge dans le canon, à la poudre !

Un temps.

Le premier servant de gauche fait un demi à gauche, reçoit du pourvoyeur la gargousse qu'il place dans le canon, le culot le premier ; il met ensuite et successivement dans la pièce le boulet et le valet, qui lui sont donnés, l'un après l'autre, par le deuxième servant de gauche qui reprend son poste.

Le premier servant de droite, pendant ces mouvements, empêche au besoin la charge de tomber, en mettant la main droite devant la bouche de la pièce.

Dès que la charge est introduite, le premier servant de droite et le premier de gauche l'enfoncent vivement au fond de l'âme avec le refouloir, par des mouvements successifs et à toute lougueur de bras, en appuyant fortement sur elle au dernier mouvement. Le chargeur s'assure qu'elle est rendue par la longueur de la hampe, en avertit le chef en frappant sur le bourrelet de la pièce; il allonge le bras droit de toute sa longueur, a la main gauche sur la volée, le corps incliné en avant, prêt à refouler. Le premier servant de gauche, dans une position semblable, tient la hampe du refouloir de la main gauche.

Dès que le pourvoyeur a remis la gargousse, il va en chercher une autre, ayant le gargoussier sous le bras gauche, et la main droite sur le couvercle. (ACTION !)

7e COMMANDEMENT.

Refoulez !

Un temps.

Les chargeurs refoulent deux coups; celui de gauche revient aussitôt à sa place; celui de droite retire le refouloir, le passe au second, qui le pose sur le pont, et il reprend son poste.

Dès que ces mouvements sont exécutés, le chef de pièce perce la gargousse d'un seul coup de poignet; s'il s'apercevait qu'elle ne fût pas rendue, il ferait le commandement :

Refoulez, et les chargeurs reprendraient leurs postes pour refouler de nouveau. En même temps le dernier servant de gauche engage l'anspect dans l'anneau carré, se porte vivement au palan de retraite, en défait la demi-clef, prend le garant des deux mains, met le pied sur l'estrope de la poulie et se dispose à filer dès que la pièce ira en batterie. Le dernier servant de droite et l'avant-dernier de gauche rabraquent les garants qui reposaient sur le pont et les placent ainsi dans les mains des autres servants. Les premiers servants de droite et de gauche s'assurent que les coins d'arrêt peuvent s'enlever facilement. Si l'exercice continue, on reprendra au deuxième commandement, après les mots : *Perce la gargousse.*

8e COMMANDEMENT.

En batterie !

Deux temps.

Premier temps. Le chef de pièce prend l'anspect de la main gauche et se dispose à s'en servir pour diriger la pièce au milieu du sabord; les premiers servants décalent les roues et posent les coins d'arrêt derrière eux, puis ils soutiennent les bragues, pour qu'elles ne s'engagent pas pendant le mouvement. (ACTION !)

Deuxième temps. Le chef de pièce fait un signal de la main droite auquel tous les servants agissent ensemble pour mettre la pièce en batterie droit au milieu du sabord. Aussitôt qu'elle y est, le quatrième servant de gauche dégage l'anspect et le pose sur le pont ; le chef amorce et assujettit la pièce, en passant un tour de chaque garant au collet du bouton. Les garants sont tenus par les deuxièmes servants de chaque côté. (ACTION !)

NOTA. Il y aurait célérité à placer l'étoupille dans la lumière aussitôt que le chef de pièce a percé la gargousse ; il faut donc, dans le courant du feu, laisser à l'intelligence du chef le soin d'amorcer, sans moment précis, aussitôt qu'il juge l'instant favorable, avant que la pièce ne soit en batterie.

Si l'on continue l'exercice, on le reprend au 3e commandement.

9e COMMANDEMENT.

Tapez, amarrez les canons !

Deux temps.

Premier temps. Le troisième servant de droite remet le couvre-lumière au chef de pièce, qui l'amarre sur la culasse, décapelle ensuite les garants et les fait tenir par les derniers servants ; il fixe entre les flasques et les garants le mou de la brague qui est soutenue par les deuxièmes servants ; il les arrête par un tour mort au collet du bouton en passant ensuite le double de chaque garant entre ce garant et la plate-bande de culasse de dessus en dessous. (ACTION !)

Deuxième temps. Le premier servant de droite met la tape au canon, les autres servants rouent les garants des palans de côté, les amarrent le long des flasques ; le dernier servant de gauche décroche le palan de retraite et le met à sa première place.

Les objets apportées des soutes , et qui ne doivent pas rester dans les batteries, y sont reportés par les canonniers qui avaient été les prendre. (ACTION !)

NOTES

SUR LES DIVERS COMMANDEMENTS

DE L'EXERCICE DU CANON.

Roulement.

A défaut de tambour, on y supplée par le commandement : *roulement!* et on finit le mouvement par celui : *fin du roulement !*

L'œil dirigé du côté du chef, etc. Comme il importe de ne pas augmenter le bruit et la confusion inséparables d'un exercice par des commandements faits à haute voix, toutes les fois que l'obscurité, la fumée ou d'autres causes ne s'y opposeront pas, ces commandements seront remplacés par les signes convenus. Tous les servants devront donc avoir le soin de ne jamais perdre de vue le chef de pièce.

1er COMMANDEMENT.

Détapez, démarrez vos canons.

L'assujettit contre le bord, etc. Toutes les fois que les mouvements ou l'inclinaison du navire ne sont pas assez considérables pour déranger l'affût, il est inutile de passer un tour de chaque garant au bouton de culasse. Dans ce cas, les garants sont élongés sur le pont, hors de la direction des roues, le double revenant en abord où est lové le reste du garant : il est ainsi prêt à filer quand la pièce vient au recul.

S'il y a du roulis, ou si l'on est à la bande sur l'autre bord, la pièce est maintenue ainsi qu'il est dit dans l'exercice : mais le chef a l'attention, pour faciliter le pointage, de faire mettre en dessous le garant, du côté où il prévoit que la culasse doit être jetée. Le chef amarre ensuite le coussin au piton des flasques à l'aide de son raban.

Si la pièce n'était pas chargée, on ne la ferait pas saisir ; on la mettrait de suite hors de batterie par les moyens indiqués au premier temps du quatrième commandement *feu*, et l'on continuerait la manœuvre.

2e COMMANDEMENT.

Amorcez !

Et presse fortement avec le pouce le godet sur le champ de lumière, etc. Il est essentiel que les bords du godet appuient contre la lumière, afin que le choc du marteau ne puisse être amorti et qu'il n'y ait pas de *raté.* Si l'on manque d'étoupilles ou si le percuteur a été démonté et qu'il ne puisse être immédiatement remplacé, le chef se fait donner une corne d'amorce qui est munie de son épinglette ; il la capelle en bandoulière de gauche à droite ; il prend la corne d'amorce de la main droite, le gros bout en l'air, le petit doigt sur la détente, les ongles en dessus, et introduit de la poudre dans la lumière avec l'épinglette qu'il tient de la main gauche, en ayant soin de ne pas la laisser engorger : il remplit de poudre le champ de lumière et prolonge une traînée dans le canal en avant de la lumière, il s'assure ensuite que la corne d'amorce est bien fermée et il la prend à deux mains pour écraser la poudre à l'extrémité de la traînée qui doit être allumée par le boute-feu ; puis il ôte avec la main gauche le pulvérin qui s'est attaché à la corne et la passe derrière lui, le petit bout du côté gauche.

3e COMMANDEMENT.

Pointez !

Le chef de pièce place la hausse, etc. L'indication de la distance est donnée par le commandant. Si le chef de pièce n'a pas reçu cette indication et s'il n'a pas près de lui aucun officier ou élève qui puisse la lui donner, il y supplée par sa propre appréciation. Le chef, pour donner à la hausse la hauteur convenable, doit bien savoir aussi quelle sorte de gargousse et quelle espèce de projectile ont été mis dans le canon.

Relèvent ou abaissent la culasse au signal du chef de pièce, etc. Quand le chef veut faire embarrer sous la culasse, il place la main gauche sur la plate-bande, et, tant qu'il tient les doigts élevés les servants doivent élever la culasse; lorsqu'il les abaisse, ils doivent abaisser, mais lentement et sans secousses, pour que le chef puisse suivre facilement la ligne de mire et pousser promptement le coin de mire quand il voit que la hauteur est bonne.

Si le pointage doit être assez oblique pour qu'il faille pointer en direction avant de pointer en hauteur, le chef place la main gauche sur le bouton de culasse et indique de la main droite le sens dans lequel il veut faire jeter l'affût; la vivacité et l'amplitude de ses mouvements indiquent aux servants que l'affût devra être plus ou moins jeté à droite ou à gauche. Pour faire tenir bon, le chef ramène la main droite vers le bouton et la tient horizontale.

Dès que le chef prend le cordon du percuteur, les servants embarrent aux flasques et jettent l'affût à droite ou à gauche suivant les signes que le chef fait alors avec la main gauche, tenant le bras naturellement allongé. Pour faire tenir bon, le chef renverse la main ; la paume tournée vers le pont.

Le chef fait le signe : à postes, etc. Le signe *à postes* se fait en élevant le bras gauche; ce signe, qui n'est que la première partie de celui qui indique que le chef va faire feu, et qui s'exécute en abaissant vivement le bras gauche, ne doit être fait qu'au moment même d'envoyer le coup, afin de n'être pas obligé de revenir à l'embarrage quand déjà les anspects ont été enlevés.

RÈGLES POUR LE POINTAGE.

Les détails de l'exercice indiquent d'une manière générale comment on doit exécuter les temps du pointage ; les circonstances dans lesquelles on se trouve pendant un combat peuvent en modifier l'exécution. Il y a diverses espèces de pointages que l'on désigne par les expressions suivantes :

En belle. La ligne de mire horizontale et la pièce dirigée droit au milieu du sabord.

Direct. La pièce au milieu du sabord, mais l'axe pouvant être incliné de haut en bas, selon la distance ;

Oblique. Quand, pour pointer, il faut jeter la culasse vers l'avant ou l'arrière du navire, on dit : pointer en *chasse* ou en *retraite* pour exprimer que le pointage doit être le plus oblique possible vers l'avant ou vers l'arrière ;

En plein bois. Quand on vise de manière à frapper au milieu de la hauteur de ce qui paraît de la coque du vaisseau ennemi, dans la direction du grand mât ;

A couler bas, ou mieux *à la flottaison.* C'est pointer de manière à frapper à la flottaison. Il est avantageux dans ce tir, de saisir le moment où le vaisseau ennemi se relève.

Il y a aussi le tir à *démâter* ; mais ce tir, fort incertain, qui fait perdre presque tous les boulets et qui est une des plus graves erreurs de nos dernières guerres, est aujourd'hui presque complétement abandonné. Il ne doit être employé que sur l'ordre exprès du commandant du vaisseau. Ce tir consiste à viser de manière à frapper au trelingage, principalement celui du mât de misaine.

Le tir est dit *de plein fouet*, quand le boulet atteint directement l'objet ; il est dit *à ricochets* quand le boulet touche l'eau avant d'arriver au but. Cette dernière espèce de tir, auquel on a reconnu de grands avantages, doit être employé le plus souvent dans les temps modérés, quand la mer n'est pas agitée.

On dit encore tirer *en enfilade* quand le boulet prend l'ennemi de l'arrière à l'avant ou de l'avant à l'arrière, et tirer *en écharpe* quand le boulet prend l'ennemi obliquement dans la direction d'un des bossoirs ou d'une des hanches.

Le chef de pièce doit toujours se rappeler que, dans les pointages *directs*, il faut d'abord pointer en hauteur, et ensuite rectifier la direction, s'il y a lieu. Mais, si le pointage est oblique, on doit mettre d'abord la pièce à peu près en *direction*, pointer ensuite en *hauteur*, et enfin compléter et rectifier la direction. Si l'on n'agissait pas ainsi dans les pointages obliques, la seconde partie du mouvement dérangerait tellement les résultats obtenus dans la première, qu'on perdrait du temps à recommencer le pointage.

Lorsque le navire a de grands mouvements de roulis, on pointe en hauteur en mettant la pièce dans la position naturelle, c'est-à-dire à peu près parallèlement au pont. On attend ainsi que les mouvements du vaisseau amènent la ligne de mire dans la direction de l'objet sur lequel on doit viser. Si, au contraire, les roulis sont modérés et si le navire est à la bande, le chef place sa pièce pour la bande moyenne occasionnée par l'action du vent sur la voilure, et que le navire conserverait s'il n'en était dérangé sans cesse par l'action combinée de la mer et du vent.

Lorsqu'il y a double charge de projectiles, il faut pointer plus haut parce qu'il en résulte moins de portée.

Si les hausses ne donnent pas d'indication pour le cas des

doubles projectiles, l'intelligence du chef de pièce devra y suppléer.

Le chef doit aussi tenir compte des embardées; mais comme ces mouvements sont lents et incertains, il ne doit pas attendre comme pour ceux du roulis, et il n'hésitera pas à faire jeter la pièce sur l'avant ou sur l'arrière pour arriver promptement à la direction voulue.

Si la mer est belle, le chef envoie son coup quand le vaisseau s'abaisse vers l'ennemi plutôt que lorsqu'il se relève, afin de conserver la chance des ricochets.

Dans les exercices, les chefs de pièces devront toujours chercher à viser sur un objet déterminé et à le suivre dans les embardées et les divers mouvements du bâtiment.

4e COMMANDEMENT.

Feu!

Le chef de pièce attend, etc. Le chef de pièce ne doit jamais faire feu s'il n'est pas bien au pointage et si les servants chargés des garants ne les ont pas laissés tomber. Tirer au hasard, c'est consommer des munitions, échauffer la pièce, fatiguer les servants, faire de la fumée et perdre du temps inutilement : il ne faut donc jamais se presser de tirer si le coup n'est pas sûr.

Il fait feu, etc. Pour que l'étoupille s'enflamme, il faut que le marteau du percuteur frappe fortement sur le godet. Afin de produire cet effet d'une manière certaine, le chef doit tenir le cordon tendu, la main à la hauteur du piton du percuteur, et haler fortement et sans secousses.

Si l'étoupille a été écrasée sans avoir pris feu, le chef la change: si elle brûle en fusant et sans faire partir le coup, le chef doit attendre que la lumière ne fume plus pour amorcer de nouveau; et, pour le faire, il se place à gauche de la pièce : il doit ensuite rectifier son pointage avant de faire feu. S'il est tombé quelque parcelle d'étoupille allumée ou de poudre sur le pont, il faut les mouiller avec le faubert.

Si l'on doit mettre le feu à l'aide du boute-feu, voici comment on s'y prendra :

Le dernier servant de droite saisit le pied du boute-feu de la main droite, en tient la tête de la main gauche, et vient se placer vis-à-vis de la lumière, faisant face en dedans; il se baisse pour souffler la mèche, et le porte ensuite à quatre doigts du canon, par le travers du canal de lumière, le tenant le bras tendu, les ongles en dessus. Il met le feu au commandement du chef, en portant la mèche à l'extrémité de la traînée de poudre Si, dans ce cas, l'amorce, tout en prenant feu, ne fait pas partir le coup, le chef, après avoir pris pour amorcer de nouveau les précautions indiquées plus haut, devra ne plus amorcer avec la corne d'amorce, mais bien en prenant de la poudre dans le creux de la main.

Si l'on était démâté et qu'une partie de la batterie fût masquée par les voiles ou les cordages, le chef ne devrait pas tirer afin de ne pas s'exposer à y mettre le feu.

Si l'on était muni des étoupilles *Billette*, qui s'enflamment par frottement, et qui sont fixées dans la lumière au moyen d'un arrêtoir à crochet, le chef, après avoir engagé le nœud du bout rugueux dans la bague du cordon, se porterait en arrière et au-delà du recul de la pièce; il tiendrait le cordon fléchi et ferait feu en donnant un coup de poignet brusque, comme s'il voulait rompre une ligne fixée par l'une de ses extrémités.

A ce signal du chef, etc. Au moment où le chef de pièce abaisse le bras gauche qu'il tenait élevé, les servants abandonnent vivement les garants. Lorsque la mer est belle et que la batterie est armée du bord sous le vent, les servants peuvent abandonner les garants de côté dès que le chef fait le signal : *à postes*.

Il est impossible de roidir le garant du palan de retraite assez vite pour empêcher l'affût de passer au recul sur ce palan. Aussi, dès que le chef fait le signe *à poste*, le dernier servant de gauche doit saisir tous les garants ensemble hors de la direction de la pièce. Les autres servants, dès que le coup est parti, se portent vivement sur le courant pour le rabraquer. Les chargeurs doivent tenir les coins d'arrêt à la main pour les jeter sous les roues au recul de la pièce.

S'il y a du roulis ou si le vaisseau a des rappels au vent, et que le canon tende à retourner de lui-même au sabord, le dernier servant de droite doit genoper les garants du palan de retraite avec les deux mains, pendant que le dernier servant de gauche fait la demi-clef :

Pour que les coins d'arrêt soient faciles à retirer, les chargeurs doivent avoir l'attention de ne les engager que par une partie de leur largeur et un peu obliquement.

5e COMMANDEMENT.

Bouchez la lumière, écouvillonnez, au refouloir !

Pour voir si elle est dégagée, etc. Si le chef de pièce ne peut parvenir à parer la lumière, il en prévient l'officier ou le maître le plus à portée, qui la fait dégager par les canonniers porteurs des vrilles et des vilebrequins.

Il la bouche bien ensuite, etc. [1]. On recommande de bien boucher la lumière, afin d'étouffer le feu qui pourrait être resté au fond de l'âme et pourrait enflammer la gargousse quand elle sera introduite dans le canon. Cette précaution est de la plus haute importance, et il ne faut jamais, quelle que soit la vivacité du tir, que le chef cesse de tenir la lumière exactement bouchée tout le temps que les chargeurs sont devant la pièce. La plupart des accidents survenus dans les exercices à feu doivent être at-

[1] On s'est servi avec avantage, à bord de quelques bâtiments, d'un ampon de lumière qui rend au chef de pièce la liberté des deux mains. L'emploi de ces tampons ne saurait toutefois être conseillé que si l'on avait la certitude qu'ils seront toujours fabriqués avec le plus grand soin; car, s'ils étaient mal confectionnés, leur usage pourrait devenir fort dangereux, parce que la compression de l'air dans la pièce, en introduisant la charge, peut faire sauter le tampon.

tribués au peu d'attention des chefs de pièce qui avaient mal bouché la lumière.

Que celui-ci enfonce dans la pièce, etc. Le chargeur doit avoir l'attention de ne pas faire frapper l'écouvillon au fond de l'âme, afin de ne point écraser le tire-bourre et de ne point le mettre hors d'usage.

Tourne plusieurs fois, etc. Il faut écouvillonner avec beaucoup de soin pour décrasser la pièce et en retirer tout ce qui peut s'y trouver d'étranger. Toutes les fois que l'écouvillon ne peut enlever les culots de gargousse, on passe le tire-bourre dans le canon.

Le frappe plusieurs fois, etc. Le mouvement de frapper l'écouvillon ne doit jamais durer un temps plus long que celui nécessaire au chef pour s'assurer que la lumière est dégagée. La propreté de l'écouvillon ne doit jamais arrêter la charge. Ainsi que l'indique l'exercice, c'est le dernier servant de droite qui est particulièrement chargé de visiter l'escargot et de le nettoyer.

C'est pendant l'exécution de ce mouvement que la pièce doit être rafraîchie, s'il y a lieu. A cet effet, on asperge l'écouvillon avec la main avant de l'introduire dans le canon.

Lorsque la mer est assez grosse pour obliger de fermer les sabords des batteries basses aussitôt que le coup est parti, le chef de pièce fait mettre la bouche du canon vis-à-vis du hublot, afin de de pouvoir y passer les hampes de l'écouvillon et du refouloir. Si l'on était abordé et si l'on ne pouvait se servir des hampes en bois, on emploierait des écouvillons et des refouloirs à hampes de cordes.

Il ferait le commandement : Écouvillonnez, etc. Il arrive si rarement que l'on ait à recommencer la manœuvre d'écouvillonner et même de refouler la charge dans le canon ordinaire, que, pour ces cas exceptionnels on a pu en revenir aux commandements à la voix, sans craindre de troubler le silence de la batterie.

6e COMMANDEMENT.

La charge dans le canon, à la poudre.

Reçoit du pourvoyeur la gargousse, etc. En remettant la gargousse au premier servant de gauche, le pourvoyeur ne tient le gargoussier ouvert que le moins de temps possible et à l'abri du feu de la pièce voisine. Lorsque la gargousse se trouve crevée dans le gargoussier, il ne faut pas sortir de crainte de répandre dre la poudre. Dans ce cas, le pourvoyeur renvoie son gargoussier à la soute, et prévient de cet accident en le remettant au passage des poudres. Si la gargousse se crève dans l'âme, de manière à laisser une traînée de poudre dans le canon, on met un valet plein sur la gargousse afin de bien ramasser toute la poudre.

Il est dit de placer le culot le premier, afin que la partie excédante de la gargousse, connue sous le nom de *collet*, n'empêche pas cette gargousse d'aller jusqu'au fond de l'âme, et n'y laisse pas de débris qui l'obstruent et y conservent du feu.

Depuis l'adoption des charges au 1/4 et au 1/6, il est devenu inutile de saigner la gargousse. Le but qu'on se proposait, et qui était de moins fatiguer la pièce et de faire produire plus d'éclats au boulet, est rempli au moyen des nouvelles charges.

Il met ensuite et successivement, etc. Pour faciliter la charge simultanée, la partie de la gargousse qui est au-delà de la sourliure doit être coupée à une longueur de deux pouces et étalée en cocarde, de manière que le boulet, en se rendant au fond du canon, ne puisse s'engager en mordant sur le bout de la gargousse.

On ne doit pas mettre dans la pièce plus d'un projectile, à moins d'ordre exprès du commandant de la batterie. Si l'on doit charger à boulet et à mitraille, la mitraille doit être placée par dessus le boulet. Dans ce cas on devra revenir à l'usage du valet plein.

Le valet se met toujours le dernier, et, quel que soit le nombre de projectiles, il n'y a jamais qu'un seul valet. On a renoncé à mettre un valet sur la gargousse, parce qu'il diminuait la portée de la pièce, en augmentait le recul, et rendait la charge plus longue à exécuter.

On se sert, dans la marine, de deux sortes de valets qui sont :

1° Le valet *erseau*, auquel on a soin, pour rendre son introduction dans la pièce plus aisée, d'enlever une section d'environ deux centimètres, rend l'introduction de la charge simultanée facile, et maintient dans l'âme d'une manière suffisante, en se plaçant comme un coin entre les parois de la pièce et le boulet. Il est aussi d'un placement commode à bord.

2° *Le valet plein de forme. cylindrique.* Ce valet est susceptible de se déformer à bord, et il faut souvent le battre et le rouler pour le faire entrer dans le canon. Il rend la charge simultanée difficile et quelquefois même impossible. Le *valet plein* ne devra donc être employé que dans le cas où, la gargousse s'étant crevée dans la pièce, il faudra ramasser la poudre au fond de l'âme; ensuite, lorsque le canon devra rester longtemps chargé attendu que l'on pourra, avec ce valet, retirer la charge sans crever la gargousse. Mais, daus ce cas, on aura le soin d'amarrer le valet sur le collet de la gargousse, qu'il préservera du choc du boulet, au roulis, si ce dernier venait à prendre du jeu dans le canon.

Les valets *erseaux* venant à manquer, on pourrait les remplacer par un simple bout de corde d'une grosseur et d'une longueur égale à celle du valet erseau ordinaire.

Si le boulet ne peut entrer dans la pièce, il est mis de côté ponr être nétoyé; s'il s'arrête dans l'intérieur du canon on ne doit pas le forcer, mais bien le retirer. Cela s'effectue en levant la culasse et en lui donnant quelques secousses contre le seuillet du sabord, ou bien au moyen de la cuiller.

S'assure qu'elle est rendue par la longueur de la hampe, etc. Les marques des hampes doivent pouvoir être reconnues de nuit comme de jonr. Elles sont faites, pour la charge moyenne, au *quart*, et le chargeur apprécie les différences qui existent selon la charge qui est employée. Il importe, pour ne pas fatiguer la pièce et ne pas l'exposer à éclater, qu'il ne reste pas d'espace libre entre la gargousse et le boulet : le chargeur devra donc toujours consulter cette marque avec soin, afin d'être assuré que la charge est rendue.

Dès que le pourvoyeur a remis la gargousse, etc. En allant prendre une autre gargousse, le pourvoyeur doit passer du côté opposé à celui qui est armé, en tenant toujours son garde-feu soigneusement fermé.

7e COMMANDEMENT.

Refoulez !

Les chargeurs refoulent deux coups, etc. Il ne faut point trop refouler sur la charge ; la poudre réduite en poussière s'enflamme plus lentement et donne moins de portée au boulet. On s'expose également à faire adhérer au fond de l'âme le culot, qui, en y séjournant, nuit à la charge suivante.

8e COMMANDEMENT.

En batterie !

Pour diriger la pièce au milieu du sabord, etc. Le chef doit veiller à ce que la pièce se rende au milieu du sabord, afin que le pointage à faire soit plus facile, et qu'au besoin on puisse fermer les sabords dans les batteries hautes. Mais, si le pointage doit être constamment oblique, il faut alors maintenir la pièce en direction autant que cela peut se faire sans gêner les chargeurs.

Tous les servants agissent ensemble, etc. Les servants, pour mettre la pièce au sabord, agissent ensemble sur les garants, main sur main, et non par secousses. Le dernier servant de gauche, qui a défait la demi-clef du palan de retraite, pose le pied sur la poulie simple et tient le garant des deux mains; il ne file qu'à retour, surtout quand il y a du roulis ou que le vaisseau incline du bord où l'on se bat. Sans cette précaution, la pièce irait frapper la muraille trop fortement, ce qui dérangerait la charge et fatiguerait l'affût.

Il y a aussi une manière de contretenir sûrement la pièce au moyen du palan de retraite, quelle que soit l'amplitude du roulis; c'est de prendre un demi-tour du garant à filer par-dessus tous les autres, de manière à les brider légèrement ensemble, quand les roulis sont modérés. Si, au contraire, les roulis sont excessifs, on prend un tour entier, au moyen duquel on a la faculté de tellement brider ces garants entre eux, que tout danger d'être gagné par la pièce disparaît entièrement. Alors, pendant que le cinquième servant de gauche file le garant, le dernier servant de droite le lui pare et fournit de quoi filer.

9e COMMANDEMENT.

Tapez, amarrez vos canons!

On suppose que l'amarrage doit être simple; s'il devait être d'un autre genre, il faudrait l'énoncer. Mais si, dans l'exercice ou le combat, il s'agissait d'amarrer momentanément la pièce pendant qu'on irait servir celle de l'autre bord, on les amarrerait soit en batterie, avec les palans de côté, pour les batteries hautes, soit au recul, avec les coins d'arrêt sous les roues et le palan de retraite roidi, pour les batteries basses, afin de pouvoir fermer les sabords s'il y avait lieu. Quand le roulis exige un amarrage plus solide, on laisse deux ou trois servants pour exécuter celui qui est prescrit, et ces servants rejoignent leur chef de pièce dès qu'ils ont fini.

NOTA. Lorsque, après une action longue et meurtrière, l'équipage d'un navire aura été tellement réduit, qu'il ne restera plus, à chaque pièce, un nombre de servants suffisant pour le service de ces pièces, on pourra alors tirer sans mettre en batterie ; c'est ce que l'on nomme *tirer à longueur de bragues*. Il faut, dans ce cas, raccourcir la brague, soit en la bridant sur l'avant de l'affût ou autrement, de manière que la bouche de la pièce affleure la tranche extérieure du sabord, roidir les palans de côté et caler les roues de derrière avec un faubert mouillé saupoudré de cendre ou de sable, afin de soulager l'effort que la brague aura à supporter. Le palan de retraite sera aussi bien roidi, et même, au besoin, renforcé par son garant, que l'on fera passer plusieurs fois dans l'estrope de culasse, ainsi que dans la boucle du palan de retraite. Les coins d'arrêt seront placés avec soin sous les roues de l'avant, afin d'empêcher la pièce de revenir au sabord. Il faudra, en outre, veiller plus que jamais aux accidents du feu.

DÉSARMER UN BORD POUR ARMER L'AUTRE.

1er COMMANDEMENT :

Pour armer l'autre Bord!

Le troisième servant de droite passe le couvre-lumière au chef de pièce qui le place sur la culasse, puis il fait mordre le double de chaque garant entre le garant lui-même et la plate-bande de culasse ; il dépose l'équipement sur le bouton de culasse. (ACTION!)

2e COMMANDEMENT :

Canonniers, par le flanc droit et par le flanc gauche, à droite et à gauche!

Les servants de droite font par le flanc gauche, ceux de gauche par le flanc droit ; le chef de pièce et le pourvoyeur font demi-tour pour être prêts à se porter à la pièce correspondante de l'autre bord. (ACTION!)

3e COMMANDEMENT :

Marche!

La file de droite marque le pas pour laisser passer la file de gauche, qui part la première et se porte à la gauche de la pièce correspondante de l'autre bord, où elle se forme sur la droite par file en bataille ; la file de droite qui part ensuite se forme à la droite de la même pièce sur la gauche par file en bataille ; le chef de pièce s'équipe, la lumière est découverte, le canon détapé, démarré, et les ustensiles sont mis en place s'ils ne l'étaient pas. (ACTION!)

POUR SORTIR DE BATTERIE.

1er COMMANDEMENT :

Pour sortir de batterie, canonniers à droite et à gauche!

A ce commandement, les servants de droite font à gauche, ceux de gauche font à droite, le chef de pièce et le pourvoyeur font demi-tour.

2e COMMANDEMENT.

Chefs de pièce, trois pas en avant, marche!

Au commandement de *marche*, les chefs de pièce font trois pas en raccourcissant le dernier; ils tournent la tête à droite et s'alignent.

3e COMMANDEMENT :

Hors de batterie, marche!

Les servants se portent en avant jusqu'à ce que les derniers qui marchent les premiers soient sur l'alignement des chefs de pièce qui, alors, commandent : *halte!*

4e COMMANDEMENT :

pour faire face à l'avant, canonniers par le flanc droit ou par le flanc gauche (à droite ou à gauche)!

Les canonniers font par le flanc pour faire face à l'avant.

5e COMMANDEMENT :

Pas accéléré, marche!

Les canonniers se mettent en marche en colonne jusqu'à ce que le tambour batte la breloque, à laquelle ils rompent les rangs.

EXERCICE DES DEUX BORDS.

UN BORD ÉTANT ARMÉ, ARMER L'AUTRE BORD.

PRÉPARATION.

1er COMMANDEMENT :

Pour armer les deux bords!

Les chefs de pièces paires (1), si l'on est à tribord, ceux des pièces impaires, si l'on est à bâbord, déposent la boîte à étoupilles sur le bouton de culasse; le dernier servant de droite dépose le tablier. (ACTION!)

2e COMMANDEMENT :

Canonniers par le flanc droit et le flanc gauche, à droite à gauche! (2)

Les servants de droite des pièces qui désarment font à gauche, ceux de gauche font à droite; les chefs de pièces et les pourvoyeurs font demi-tour; tous se tiennent prêts à se porter à la pièce correspondante de l'autre bord.

Les trois premiers servants de droite des pièces qui ne désarment pas font à gauche, et le premier servant de gauche fait à droite. (ACTION!)

[1] Les pièces sont numérotées à partir de l'avant.

[2] Dans les exercices à volonté, ce commandement et les suivants sont faits par les chefs de pièce.

3e COMMANDEMENT :

Marche !

Les chefs qui ont fait demi-tour se rendent avec leurs servants aux pièces correspondantes de l'autre bord, et détachent, chemin faisant, les trois premiers servants de droite à la pièce voisine à droite : le premier comme chef de pièce, le deuxième comme chargeur, et le troisième comme premier servant de gauche. A cet effet, les servants de droite marquent le pas jusqu'à ce que le dernier homme de la file de gauche les ait dépassés ; ils partent alors, et tous se rendent à leurs postes en se formant, les servants de gauche sur la droite par file en bataille, et ceux de droite sur la gauche par file en bataille.

Les chefs qui n'ont pas quitté leurs pièces s'équipent du tablier, et envoient à la pièce voisine à droite, devenue vacante, les trois premiers servants de droite ; le premier comme chef de pièce, le deuxième comme chargeur, le troisième comme premier servant de gauche.

Les chargeurs, détachés comme chefs de pièce, prennent le titre de chefs provisoires, et les autres, celui de chefs titulaires. A chacune des pièces des deux bords où se trouve le chef titulaire, le premier servant de gauche devient chargeur, et le deuxième premier servant de gauche. Chaque chef, à son arrivée à la nouvelle pièce qu'il va servir, s'équipe de la boîte à étoupilles, du doigtier ou tampon de lumière et du tablier. Les écouvillons et les refouloirs sont passés à gauche des pièces dans toute la batterie. Le chef de pièce démarre le couvre-lumière, et fait détaper le canon. (ACTION !)

L'exercice commencera par les chefs titulaires, parce que, seuls, ils ont assez de monde pour manœuvrer la pièce, qui est supposée chargée.

EXERCICE.

PREMIÈRE PARTIE.

1er COMMANDEMENT :

Chefs titulaires, dégorgez, amorcez !

Les chefs titulaires seuls amorcent, après avoir mis leur pièce en batterie, si elle n'y était pas. (ACTION !)

2e COMMANDEMENT :

Chefs titulaires, pointez !

Les chefs titulaires seuls passent par tous les temps du pointage. (ACTION !)

3e COMMANDEMENT :

Chefs titulaires, feu !

Les chefs titulaires attendent le moment favorable, et ils exécutent le feu ; aidés par leurs servants, ils mettent les pièces hors de batterie. et font eux-mêmes la demi-clef au palan de retraite. (ACTION !)

4e COMMANDEMENT :

Servants mobiles, changez !

Les chefs de pièce qui viennent de tirer ne conservent avec eux que les premiers servants de droite et de gauche et le pourvoyeur ; tous les autres, nommés servants mobiles, se portent à la pièce voisine, à droite, où ils occupent les mêmes postes qu'à celle du chef titulaire. Si cette pièce était rentrée, le dernier servant de gauche s'arrêterait à la demi-clef du palan de retraite. prêt à filer à mesure que la pièce irait en batterie. (ACTION !)

DEUXIÈME PARTIE.

1er COMMANDEMENT.

CHEFS TITULAIRES :

Bouchez la lumière, écouvillonnez, au refouloir !

Le chef de pièce bouche la lumière ; le premier servant de gauche remet à celui de droite, qui s'est porté à la volée du canon, l'écouvillon dont il se sert, comme il est prescrit dans l'exercice de détail. Pendant ce temps, le premier servant de gauche met à la portée du chargeur le refouloir, en posant la hampe sur le seuillet du sabord, la tête sur le pont, touchant l'essieu de l'avant. Le chargeur remet au servant de gauche l'écouvillon, que celui-ci pose sur le pont, avant de passer par dessus les palans et la brague, pour aider le chargeur dans ses fonctions.

CHEFS PROVISOIRES :

En batterie, dégorgez, amorcez !

Les chefs provisoires mettent en batterie et amorcent leurs pièces.

(ACTION!)

2e COMMANDEMENT.

CHEFS TITULAIRES,

La charge dans le canon !

Le premier servant de gauche reçoit du pourvoyeur la gargousse, qu'il introduit dans le canon. Le chargeur, qui s'est emparé du refouloir aussitôt après avoir remis l'écouvillon, l'empêche de tomber à la mer.

Après avoir remis la gargousse, le pourvoyeur accroche son gargoussier et fait l'office du deuxième servant de gauche ; il reprend ensuite son gargoussier pour aller à la poudre ; et revient à la pièce qui a fait feu ; les chargeurs enfoncent la charge au fond de la pièce, s'assurent qu'elle y est rendue, et se tiennent prêts à refouler.

CHEFS PROVISOIRES,

Pointez !

Les chefs provisoires passent par tous les temps du pointage.

(ACTION !)

3e COMMANDEMENT.

CHEFS TITULAIRES,

Refoulez !

Les chargeurs refoulent.

CHEFS PROVISOIRES,

Feu !

On exécute le feu ; la demi-clef est faite par le chef de pièce.

(ACTION !)

4e COMMANDEMENT :

Servants mobiles, changez !

Les servants mobiles retournent, comme il a été expliqué, à la pièce du chef titulaire. (ACTION !)

(Pour continuer l'exercice, les commandements seraient les mêmes, en appliquant aux chefs titulaires ce qui a été dit pour les chefs provisoires, et réciproquement.)

Pour achever l'exercice, après l'exécution du quatrième commandement, on fera les commandements suivants :

1er COMMANDEMENT :

CHEFS TITULAIRES OU PROVISOIRES	CHEFS PROVISOIRES OU TITULAIRES
(Ceux dont les pièces sont chargées),	(Ceux dont les pièces ne sont pas chargées),
En batterie!	**Bouchez la lumière, écouvillonnez!**

(ACTION !)

2e COMMANDEMENT.

....	**La charge dans le canon!**
	(ACTION !)

3e COMMANDEMENT.

....	**Refoulez!**
	(ACTION !)

4e COMMANDEMENT.

....	**Servants mobiles, changez!**
	(ACTION !)

1er COMMANDEMENT.

....	**En batterie!**
	(ACTION !)

NOTA. Le commandement : EN BATTERIE ! ne se fait pas pour les batteries basses des vaisseaux.

Après avoir fait l'exercice de la manière indiquée, il est nécessaire, comme transition et avant de passer à l'exercice à volonté, de faire cet exercice en trois commandements, savoir :

1er COMMANDEMENT :

CHEFS TITULAIRES,	CHEFS PROVISOIRES,
Écouvillonnez;	**Pointez;**
Chargez!	**Feu!**

(ACTION !)

2e COMMANDEMENT.

Servants mobiles, changez !

(ACTION !)

3e COMMANDEMENT.

CHEFS TITULAIRES,	CHEFS PROVITOIRES,
Pointez;	**Écouvillonnez;**
Feu!	**Chargez!**

(ACTION !)

LES DEUX BORDS ÉTANT ARMÉS, ARMER UN SEUL BORD.

1er COMMANDEMENT :

CANONNIERS,

Tous à tribord ou à babord !

Les écouvillons et les refouloirs sont passés à droite des pièces ; les couvre-lumière du bord que l'on désarme sont mis en place ; les chefs provisoires du bord qui reste armé, ainsi que les chefs titulaires et provisoires de celui que l'on désarme, laissent leur équipement sur le bouton de culasse. (ACTION !)

2e COMMANDEMENT.

Canonniers à droite et à gauche !

Les servants font à droite et à gauche ; les chefs de pièce font demi-tour. Si l'on fait le commandement d'armer bâbord, ce sont les chefs de tribord et les chefs provisoires de bâbord qui font ce mouvement ; si c'était tribord, ce serait le contraire qui aurait lieu. (ACTION !)

3e COMMANDEMENT.

Marche !

Les chefs provisoires et leurs servants rejoignent la pièce du chef titulaire.

Les chefs qui doivent quitter leurs pièces se rendent

alors avec tous leurs servants aux pièces correspondantes de l'autre bord. Les servants de droite marquent le pas, jusqu'à ce que ceux de gauche les aient dépassés, et tous se rendent à leurs postes en se formant sur la droite et sur la gauche par file en bataille ; ce mouvement terminé, chacun reprend son équipement. (ACTION !)

OBSERVATIONS

SUR L'EXERCICE DU CANON DES DEUX BORDS.

Si le nombre des canons de la batterie était impair, la manœuvre de la dernière pièce se ferait comme si la pièce correspondante de l'autre bord était une pièce voisine à droite.

Dans toute la batterie, les écouvillons et les refouloirs sont passés de droite à gauche par un mouvement d'ensemble, aussitôt que toutes les pièces sont armées, et l'on se règle sur la première pièce de l'arrière.

Lorsque, dans un combat, on fait le commandement ; *Armez les deux bords!* les chefs des pièces qui désarment commandent eux-mêmes les mouvements d'*à droite, à gauche, marche!* mais ils ne quittent leurs pièces pour aller à l'autre bord que quand ils sont remplacés.

Les chefs des pièces qui ne désarment pas envoient de suite leurs trois premiers servants de droite à la pièce voisine à droite, pour continuer la charge commencée à cette pièce.

POUR ACHEVER L'EXERCICE.

Au roulement pour faire cesser le feu, les pièces qui ont tiré seront chargées et mises en batterie dans les batteries hautes ; dans les batteries basses elles sont rentrées, et l'on chargera celles qui ont fait feu.

Les servants mobiles rejoignent ensuite la pièce du chef titulaire, afin d'éviter toute confusion dans le cas de désarmement d'un bord pour armer l'autre bord.

LES DEUX BORDS ÉTANT ARMÉS, ARMER UN SEUL BORD.

Pendant un feu à volonté, si l'on fait le commandement : *Canonniers, tous à tribord ou à bâbord !* Les chefs de pièce du bord qui désarme achèvent la charge et mettent leur pièce en batterie, si l'on est dans une batterie haute, ou au recul, si l'on est dans une batterie basse ; puis, sans autre commandement, ils vont avec leurs servants, armer la pièce correspondante.

Les chefs du bord qui ne désarme pas continuent le feu, et les chefs provisoires ne doivent rejoindre les chefs titulaires avec leurs servants que lorsqu'ils sont remplacés par les chefs de l'autre bord.

EXERCICES

DU CANON-OBUSIER DE 22 c/m (80)

ET DE 16c/m (30),

MONTÉ SUR AFFUT MARIN, EN EMPLOYANT L'OBUS.

D'après cette instruction, lorsqu'on veut le charger à boulet creux, le canon-obusier de 30 se manœuvre comme celui de 22 centimètres, et ce n'est qu'en employant le boulet plein qu'on fera usage, avec cette pièce, de la charge simultanée. Toutefois il faut être approvisionné de gargousses hémisphériques.

Dans le but d'obvier aux inconvénients que présentent ces gargousses, et de rechercher les moyens d'exécuter la charge simultanée avec l'obusier de 30, lorsqu'on tire à boulet plein ou à boulet creux, le ministre a prescrit de procéder à des essais sur des gargousses ordinaires à culot plat, allongées aux dépens de leur diamètre; ces essais ont démontré que ces gargousses ainsi modifiées peuvent, sans qu'il se présente d'obstacle, être introduites dans la pièce en même temps que chacun des deux boulets précités. En conséquence on devra, pour le canon-obusier de 30, procéder à la charge simultanée et se conformer à l'exercice ordinaire du canon, lorsqu'on tirera à boulet plein ou creux. Si l'on veut charger à mitraille, on devra interposer, entre la gargousse et ce projectile, un valet cylindrique, dont la longueur seule est différente, suivant qu'on a une grappe à culot ou à plateau.

EXERCICE

DE LA CARONADE A BRAGUE FIXE.

BRANLE-BAS DE COMBAT.

Il s'exécute comme pour le canon, si ce n'est que, la caronade étant en ce moment à bragues fixes, il n'y a pas lieu d'allonger le palan de retraite. La caronade est supposée chargée.

Rappel ordinaire.

Les canonniers se rendent à leurs caronades, et ils y prennent leurs postes suivant le rôle de combat et les dispositions établies à bord.

Au commandement d'approvisionner la batterie fait par le chef de la batterie, les pourvoyeurs vont prendre les gargoussiers et les autres objets non placés aux pièces. On retire les parties basses des sabords, s'il y a lieu; les leviers de pointage sont placés dans la mortaise de la semelle; les écouvillons-refouloirs sont mis sur le pont, à gauche de la pièce, le bouton tourné du côté de la muraille. Le chef s'équipe de la boîte à étoupilles, du doigtier et du tablier.

Rappel accéléré.

Aussitôt que les hommes sont rendus à leurs postes du bord que l'on a ordonné d'armer, le chef de la batterie commande l'approvisionnement des deux bords.

A ce commandement, le servant de droite se porte à la pièce correspondante de l'autre bord, où il est rejoint par le pourvoyeur qui a été prendre les gargoussiers et les autres objets non placés aux pièces. Des hommes du passage des poudres sur le pont, conduits par un deuxième maître de la batterie, doivent apporter les cuillers, tire-bourre, bragues et vis de rechange, ainsi que des valets pour être distribués aux pièces.

On retire, s'il y a lieu, les parties basses des faux-sabords; les leviers de pointage sont mis en place, ainsi que les écouvillons-refouloirs. Les chefs qui restent aux pièces s'équipent; ceux du bord opposé font placer l'équipement sur le bouton de culasse.

Après s'être assuré que la pièce est en état et munie de tout ce qui lui est nécessaire, les deux servants détachés rejoignent le chef à l'autre bord, et lui rendent compte de l'armement de la pièce.

Pendant que les pourvoyeurs ont été prendre les gargoussiers, les servants de gauche apportent les bailles de combat et les mettent à leur place, après les avoir remplies d'eau, s'il y a lieu. Le servant de gauche de la première pièce de chaque section va prendre le boute-feu, et l'allume au besoin.

Les amarrages des bragues sont visités, et si elles sont

fixées aux crampes par des manilles, on s'assure que les clavettes des boulons sont maintenues convenablement.

La Générale.

Les dispositions sont absolument les mêmes que pour le canon.

Les observations communes au canon et à la caronade ne seront pas répétées.

EXERCICE D'UN BORD.

Roulement !

Les chefs de pièces font face au sabord, les servants font face à leur pièce ; le pourvoyeur se saisit du gargoussier comme pour le canon.

1er COMMANDEMENT :

Détapez vos caronades !

Un temps.

Le servant de droite détape la caronade et place la tape contre le bord derrière lui. Le chef de pièce démarre le couvre-percuteur et le place contre le bord derrière le chargeur. Il relève le marteau. (ACTION !)

2e COMMANDEMENT :

Dégorgez, amorcez !

Un temps.

Le chef de pièce prend le dégorgeoir de la main droite, l'enfonce dans la lumière, s'assure que la charge n'a pas bougé, et perce la gargousse; il ouvre la boîte à étoupilles, en prend une, et l'introduit dans la lumière, en pressant fortement avec le pouce le godet sur le champ de lumière. Il referme la boîte après avoir pris l'étoupille. (ACTION !)

3e COMMANDEMENT :

Pointez !

Deux temps.

Premier temps. Le chef de pièce place la hausse au cran indiqué par le chef de la batterie, puis il se place à droite du levier de pointage, le pied gauche en avant et à plat, le genou ployé, la jambe droite allongée, la main gauche sur la culasse et la main droite à la poignée de la vis de pointage ; il fait mouvoir la vis de manière à élever ou à baisser la culasse, jusqu'à ce que la caronade soit à la hauteur convenable, c'est-à-dire que la ligne de mire se trouve dirigée, autant que possible, sur le point où l'on doit viser lorsque le bâtiment est dans une position moyenne à ses balancements de roulis; puis, il place son coin de mire sous la culasse et fait remonter la vis de quelques trous.

Si le pointage doit être très oblique, le chef, avant de pointer en hauteur, ferait placer le levier dans la plaque du châssis, et diriger la caronade, dans le sens convenable par les servants; quand elle est à peu près en direction, le premier servant de droite met le levier dans la la plaque de semelle. Ces deux servants reprennent leur poste, et le chef pointe en hauteur. (ACTION!)

Deuxième temps. Le chef de pièce se relève, prend le cordon du marteau de la main droite, et se porte vivement en arrière du levier de pointage; il vise en s'inclinant et en mettant dans le même alignement son œil, le point le plus élevé de la hausse, le point le plus élevé de la masse de mire et l'objet à battre; en même temps, les servants de droite et de gauche se portent au levier de pointage, et dirigent la pièce à droite ou à gauche, suivant le signal du chef, qui achève de la mettre en direction.

Dès que le pointage est fini, le chef fait le signe : *A postes*, auquel les servants reprennent leurs postes; celui de droite retire le levier qu'il pose sur le pont devant lui. (ACTION!)

4e COMMANDEMENT :

Feu!

Un temps.

Le chef de pièce attend que les mouvements du navire amènent la ligne de mire dans la direction du point où l'on doit viser; et, quand il le voit près d'arriver, il fait feu en tirant fortement et sans secousses sur le cordon du percuteur. Dès que le coup est parti, le levier est remis dans la mortaise de la semelle par le chef de pièce. Si la caronade est placée dans une direction oblique, on la dresse de suite. Le chef de pièce love le cordon, nettoie et relève le marteau.

5e COMMANDEMENT :

Bouchez la lumière, écouvillonnez !

Deux temps.

Premier temps. Le chef de pièce prend le dégorgeoir de la main droite, l'enfonce dans la lumière pour voir si elle est dégagée ; il la bouche bien ensuite avec le pouce de la main gauche (ou le tampon de lumière), jusqu'à ce que la pièce soit chargée, ne l'ôtant, pour sonder, que lorsque le chargeur est bien effacé.

Le servant de droite se porte à la volée de la caronade, passe le corps et la jambe droite en dehors du sabord, et pose le pied sur le support destiné à l'affermir dans cette position : son pied gauche est appuyé, en dedans, contre la fourrure de gouttière (ACTION !)

Deuxième temps. Le servant de gauche remet l'écouvillon au servant de droite qui l'enfonce dans la caronade et le tourne plusieurs fois dans le sens convenable, pour faire prendre le tire-bourre, il le retire en continuant à le tourner dans le même sens ; il l'appuie sur la volée de la caronade, et le frappe plusieurs fois en dévirant, pour faire tomber les culots de gargousses et la crasse (1).

Le chef introduit le dégorgeoir dans la lumière pour s'assurer qu'elle est parée ; si elle ne l'est pas, il la re-

[1] NOTA. S'il y avait des culots de gargousse adhérents à l'escargot, le chef les enlèverait de la main droite.

bouche et fait le commandement : ***Écouvillonnez !*** et l'on écouvillonne de nouveau jusqu'à ce qu'elle soit dégagée. (ACTION !)

6e COMMANDEMENT :

La charge dans la caronade, au refouloir, à la poudre !

Un temps.

Le chargeur fait passer l'écouvillon au chef de pièce, qui le prend à peu près par le milieu de la hampe, la main droite renversée, les ongles en l'air, le coude au corps ; il le change en refouloir en le faisant tourner verticalement à droite de la pièce, le bouton rasant le pont, et dirigeant l'écouvillon vers le sabord.

Le chargeur reçoit aussitôt du pourvoyeur la gargousse qu'il je tte dans la caronade; il place par-dessus, le boulet et le valet qui lui sont remis par le servant de gauche, lequel met la main gauche devant la bouche de la caronade pour empêcher le boulet d'en sortir; le chargeur prend alors le refouloir que lui passe le chef de pièce, et il enfonce la charge : il s'assure qu'elle est rendue par la longueur de la hampe, en avertit le chef en frappant sur la volée; il allonge le bras droit de toute sa longueur, a la main gauche sur la volée, le corps incliné en avant prêt à refouler.

Dès que le pourvoyeur a remis la gargousse, il va en chercher une autre, ayant le gargoussier sous le bras gauche et la main droite sur le couvercle. (ACTION !)

7e COMMANDEMENT :

Refoulez !

Un temps.

Le servant de droite refoule deux coups, retire le refouloir et le passe au servant de gauche, qui le pose sur le pont en le faisant tourner verticalement, pour que le bouton soit du côté de la muraille : il reprend son poste.

Dès que ces mouvements sont exécutés, le chef de pièce perce la gargousse d'un seul coup de poignet. S'il s'apercevait qu'elle ne fût pas rendue, il ferait le commandement, *refoulez !* et il reboucherait la lumière. Alors les servants reprendraient leur première position, et celui de gauche renverrait l'écouvillon au chargeur, après l'avoir, toutefois, changé en refouloir. (ACTION !)

NOTA. Si l'exercice se continue, on reprend au deuxième commandement, après les mots : *Perce la gargousse ;* s'il doit cesser, on termine par le commandement suivant :

8e COMMANDEMENT :

Tapez, amarrez vos caronades

Un temps.

Les objets que l'on a retirés des soutes y sont reportés par les hommes qui avaient été les prendre ; le chargeur met la tape à la caronade; le chef de pièce prend le couvre-lumière et l'amarre ; il ôte le levier de pointage, qu'il fait remettre contre la semelle ; il abaisse la culasse pour que le chargeur puisse mettre la partie basse du faux-sabord, et tous les attirails sont replacés où ils étaient avant la manœuvre. (ACTION !)

Si les deux bords sont armés et qu'on ne veuille pas les désarmer à la fois, lorsqu'on en a désarmé un, on fait le commandement : *armez l'autre bord!* alors les canonniers se rendent aux pièces correspondantes, et remettent à leur place tous les objets d'armement des caronades. Si l'on veut, au contraire, les désarmer à la fois, on fait le commandement suivant :

Tapez et amarrez des deux bords!

Les objets que l'on avait retirés des soutes y sont reportés par les hommes du passage des poudres ou de la manœuvre qui avaient été les prendre ; le servant de droite passe à la pièce de l'autre bord, où il est rejoint par le pourvoyeur ; les pièces sont tapées, les couvre-percuteurs amarrés, les écouvillons-refouloirs remis en place, et chacun revient à son poste à la pièce occupée par le chef. (ACTION !)

———

NOTES

SUR LES DIVERS COMMANDEMENTS

DE L'EXERCICE DE LA CARONADE.

3me COMMANDEMENT.

Pointez !

Après avoir pointé en hauteur, il est recommandé au chef de pièce de placer le coin de mire sous la culasse et de dévisser quelques tours de la vis de pointage. Cette précaution a pour objet de ménager la vis, que l'on pourrait fausser, et la plaque de la semelle que l'on ne tarderait pas à détruire.

Si le coin de mire n'est pas maintenu par des coulisses sur la semelle, il est prudent de l'amarrer aux boucles de brague ou à la brague elle-même pour l'empêcher de sauter.

Si l'on se bat du bord sous le vent, avec une forte bande, on retire la vis de pointage, afin d'abaisser la culasse le plus possible.

Si le pointage est très-oblique, on embarre d'abord le levier dans la plaque de la semelle, puis dans celle du châssis, afin que les axes de ces deux pièces principales forment entre eux le plus petit angle possible.

Il est prudent, après le pointage, de retirer le levier et de le poser sur le pont, par ce qu'en supposant même que ce levier soit retenu dans la plaque de la semelle par une goupille, la commotion imprimée à la caronade peut arracher celle-ci et faire sauter le levier, au risque de blesser les servants.

Les caronades des embarcations se chargent et se pointent d'après les mêmes principes; mais comme elles sont sur affût à coulisses, les servants de gauche, aidés des canotiers, s'il est nécessaire, palanquent la pièce de manière à ce que l'extrémité antérieure de la semelle se rapproche le plus possible de l'étrave. Pour obtenir le pointage en direction, on fait glisser la queue de la coulisse sur les bancs ou sur une ptate-forme qui y est fixée.

DÉSARMER UN BORD POUR ARMER L'AUTRE BORD

1er COMMANDEMEMT :

Armez l'autre bord!

On pose les équipements sur le bouton de culasse et on couvre la lumière. (ACTION!)

2e COMMANDEMENT :

Canonniers, à droite et à gauche!

Les canonniers font à droite et à gauche, le chef de pièce fait demi-tour, ainsi que le pourvoyeur. (ACTION!

3e COMMANDEMENT :

Marche!

Le servant de gauche défile le premier, celui de droite ensuite, puis le chef de pièce; et, enfin, le pourvoyeur; ils se rendent, au pas accéléré, à leurs postes de l'autre bord, où ils s'équipent et se tiennent prêts à commencer le feu. (ACTION!)

OBSERVATIONS.

3me COMMANDEMENT.

Si l'on fait le commandement d'*armer l'autre bord* pendant un feu à volonté, les chefs de pièce continuent la charge, et quand elle est terminée, ils se portent à l'autre bord avec leurs servants, sans autre commandement : ils se disposent à onvrir le feu.

POUR SORTIR DE BATTERIE.

1er COMMANDEMENT :

Pour sortir de batterie.

Canonniers, à droite et à gauche !

2e COMMANDEMENT :

Chefs de pièce, deux pas en avant, marche !

3e COMMANDEMENT :

Hors de batterie, marche !

Au commandement de *marche*, les servants de droite et de gauche se placent à droite et à gauche du chef de pièce.

4e COMMANDEMENT :

Canonniers, à droite ou à gauche !

5e COMMANDEMENT :

Pas accéléré, marche !

Le breloque fait rompre le rang.

EXERCICE DE LA CARONADE DES DEUX BORDS.

PRÉPARATION.

Il faut, pour cet exercice, un servant supplémentaire par pièce : il devient deuxième servant de droite.

On suppose que l'on est pourvu de *tampons* de lumière bien confectionnés ou, à défaut, d'étoupins en fil de carret bien suivés. Les gargoussiers doivent renfermer deux gargousses.

Servants supplémentaires, à vos postes!

A ce commandement, les hommes de la manœuvre destinés à remplir ces fonctions se portent à leurs pièces.

1er COMMANDEMENT :

Armez les deux bords!

Les chefs des pièces paires, si c'est tribord qui est armé, et ceux des pièces impaires, si c'est bâbord, déposent les équipements sur le bouton de culasse. (ACTION!)

2e COMMANDEMENT :

Canonniers à droite et à gauche!

Les chefs de pièce qui désarment et leurs servants, ainsi que les servants de caronades qui restent armées, font face à l'autre bord. (ACTION!)

3e COMMANDEMENT :

Marche!

Les chefs de pièce qui désarment se rendent avec leurs servants aux pièces correspondantes, à l'autre bord, et détachent, chemin faisant, à la pièce voisine à droite, les deux servants de droite : le premier en devient chef et le second chargeur.

Les chefs qui ne changent pas de bord envoient à la pièce voisine à droite, devenue vacante, leurs deux servants de droite pour y remplir les mêmes fonctions.

A chacune des pièces où se trouve le chef titulaire, le servant de gauche devient chargeur ; les pouvoyeurs desservent les deux caronades armées par le même équipage : ils se tiennent entre elles.

Chaque chef s'équipe, et les écouvillons-refouloirs sont placés à droite des caronades dans toute la batterie, qui est supposée chargée. (ACTION !)

EXERCICE.

1er COMMANDEMENT :

Détapez vos caronades, démarrez les couvre-percuteurs !

Ce commandement est exécuté par les deux bords, ou seulement par celui qui n'a pas encore ouvert le feu. (ACTION !)

2e COMMANDEMENT.

Dégorgez, amorcez !

Les deux bords amorcent comme pour l'exercice d'un bord. (ACTION !)

3e COMMANDEMENT :

Pointez !

Les deux temps s'exécutent comme dans l'exercice d'un seul bord. (ACTION !)

NOTA. Si le pointage était très oblique, le chef de pièce aiderait le chargeur avant de pointer en hauteur.

4e COMMANDEMENT :

Feu !

Le feu s'exécute comme si l'équipage de la pièce était

complet : seulement, ce serait le chargeur qui se servirait du boute-feu, s'il fallait en faire usage.

5e COMMANDRMENT :

Bouchez la lumière, écouvillonnez !

deux temps.

Premier temps. Le chef passe le dégorgeoir dans la lumière pour s'assurer qu'elle est dégagée, puis il la bouche avec le tampon de lumière qu'il n'enlève que pendant le moment où il se sert du dégorgeoir.

Le servant de droite se porte à la volée de la pièce. (ACTION !)

Deuxième temps. Le chef de pièce prend l'écouvillon de la main droite, et le passe au chargeur qui l'enfonce dans la caronade ; il le tourne plusieurs fois, etc.

Le chef passe le dégorgeoir dans la lumière pour s'assurer qu'elle est parée, etc. etc., puis il rebouche la lumière avec le tampon, nettoie le percuteur, et relève le marteau. (ACTION !)

6e COMMANDEMENT :

La charge dans la caronade, au refouloir !

Un temps.

Le chargeur remet l'écouvillon au chef qui le change en refouloir et le pose sur le pont ; il reçoit ensuite du pourvoyeur la gargousse, qu'il jette dans la caronade ; le chef passe vivement à gauche de la pièce ; il prend le boulet et le valet, et les donne au chargeur qui les place dans la caronade ; le chef lui remet ensuite le refouloir et reprend son poste.

Le chargeur enfonce la charge, allonge le bras de toute sa longueur, prêt à refouler.

Le pourvoyeur, après avoir remis la gargousse, dessert la pièce voisine ou va prendre un autre gargoussier. (ACTION!)

7e COMMANDEMENT :

Refoulez!

Un temps.

Le servant de droite refoule deux coups, retire le refouloir, le passe au chef de pièce qui le pose sur le pont en le faisant tourner verticalement pour que le bouton soit du côté de la muraille, et il reprend son poste. Le chef débouche la lumière, perce la gargousse; si elle n'était pas rendue, il ferait refouler de nouveau. (ACTION!)

NOTA. Si l'exercice se continue, on reprend au deuxième commandement: s'il doit cesser, on termine par le commandement suivant :

8e COMMANDEMENT :

Tapez les caronades!

Un temps.

On désarme les deux bords en même temps, et chacun revient à son poste, à la pièce occupée par le chef, pour se porter au bord qui sera indiqué par un mouvement analogue à celui qui a été exécuté pour armer les deux bords. (ACTION!)

OBSERVATIONS SUR LES DIVERS COMMANDEMENTS DE L'EXERCICE DES DEUX BORDS.

3e COMMANDEMENT.

Si, pendant un feu à volonté, on fait le commandement *armez les deux bords!* les chefs qui ne changent pas de bord envoient de suite leurs servants à la pièce à droite, le servant de gauche passe l'écouvillon-refouloir à droite, et le chef continue le feu avec ce servant devenu chargeur. Les servants supplémentaires qui sont à la manœuvre se portent vivement à leurs postes, à la pièce dont le servant de droite est devenu le chef.

Les chefs de pièces et les servants qui changent de bord se portent, aussitôt qu'ils sont remplacés, à la pièce correspondante de l'autre bord pour commencer le feu. Ce mouvement s'effectue, soit que les pièces qu'ils quittent soient chargées ou non.

Le feu des deux bords ne pouvant se faire qu'à volonté, les pièces seront rarement au même temps de la charge, ce qui permet au pourvoyeur de les approvisionner toutes les deux.

CARONADE.

EXERCICE

DE LA CARONADE A BRAGUE FIXE :

D'UN SEUL BORD,
DES DEUX BORDS, } AVEC LES NOTES;

PASSAGE D'UN BORD A L'AUTRE;

DÉSARMEMENT D'UN BORD POUR ARMER L'AUTRE;

AVEC OBSERVATIONS.

EXERCICE

DU CANON-OBUSIER DE 22 c/m

ET DE 16 c/m (30),

MONTÉ SUR AFFUT MARIN, EN EMPLOYANT L'ORUS.

Roulement.

Le roulement indique que l'on va commencer l'exercice et qu'il faut observer le plus grand silence. Toute parole inutile est donc sévèrement interdite, soit pendant l'exercice, soit devant l'ennemi.

Les chefs de pièce font face aux sabords, les servants font face à leurs pièces et s'alignent sur les deux premiers servants; tous se serrent à bord de manière que les coudes s'affleurent, la tête haute, l'œil dirigé du côté du chef, les pieds sur le même alignement, le corps d'aplomb, les bras pendants, les mains dans les rangs, ouvertes et à plat sur les cuisses; à la fin du roulement, chacun reste immobile.

1er COMMANDEMENT :

Détapez, démarrez les obusiers!

Un temps.

Le premier servant de droite détape le canon et place la tape contre le bord derrière lui; le chef de pièce, aidé des servants placés près de lui, démarre le canon et l'assujettit contre le bord en passant au collet du bouton de culasse un tour de chaque garant qu'il fait tenir par les deuxièmes de droite et de gauche; puis, il ôte le couvre-lumière et le passe au troisième servant de droite, qui le met près du bord en arrière des servants. Il relève le marteau. (ACTION!)

2e COMMANDEMENT :

Dégorgez, amorcez!

Un temps.

Le chef de pièce prend le dégorgeoir de la main droite, l'enfonce dans la lumière, s'assure que la charge n'a pas bougé, et perce la gargousse; il ouvre la boîte à étoupilles, en prend une et l'introduit dans la lumière en pressant fortement avec le pouce le godet sur le champ de lumière; il referme la boîte après avoir pris l'étoupille. (ACTION!)

Nota. Si l'obusier est monté sur affût-Romme, voyez le commencement détaillé, p. 92.

3e COMMANDEMENT :

Pointez !

Trois temps.

Premier temps. Le chef de pièce place la hausse au cran indiqué par le chef de batterie et pour la charge qu'il sait être dans l'obusier ; puis il se place à droite du palan de retraite, le pied gauche en avant et à plat, le genou ployé, la jambe droite allongée, la main gauche sur la plate-bande de culasse, et la main droite à la poignée du coin de mire. Les troisièmes servants, aidés des quatrièmes pour les gros calibres, prennent les anspects, les placent sur les adents de l'affût, et ils élèvent ou abaissent la culasse au signal du chef, jusqu'à ce que le canon soit au point convenable, c'est-à-dire, que la ligne de mire se trouve dirigée, autant que possible, sur le point où l'on doit viser lorsque le bâtiment est dans une position moyenne à ses balancements de roulis.

Si le pointage doit être très oblique, on commencera par porter la pièce sur l'avant ou sur l'arrière, de manière à ce qu'elle soit à peu près en direction. On pointe en hauteur, et on attend le deuxième temps pour rectifier la direction. (ACTION !)

Deuxième temps. Les mêmes servants embarrent aux flasques pour diriger la pièce à droite ou à gauche, suivant le signal du chef ; le chef se relève, décapelle les garants ; il en charge les derniers servants, aidés par ceux qui ne sont pas occupés au pointage, pour que tous contiennent la pièce au sabord ; puis il prend de la main droite le cordon du percuteur et se porte vivement ne arrière du recul du canon. Il vise en s'inclinant et en mettant dans le même alignement son œil, le point le plus élevé de la hausse, le point le plus élevé de la masse de mire et l'objet à battre. (ACTION !)

Troisième temps. Dès que le pointage est fini, le chef fait le signe : *à postes*, auquel les servants chargés des anspects les retirentde dessous les flasques et reprennent leur alignement ; ils les tiennent le bout posé sur le pont, hors de la direction des roues. (ACTION !)

4e COMMANDEMENT :

Feu !

Deux temps,

Premier temps. Le chef de pièce attend que les mouvements du navire amènent la ligne de mire dans la direction du point où l'on doit viser, et, quand il il le voit près d'arriver, il l'indique par un signal ; puis il fait feu en tirant fortement et sans secousse sur le cordon du percuteur. A ce signal du chef de pièce, les servants chargés des garants de palan les laissent tomber hors de la direction des roues ; ceux qui ont les anspects les posent sur le pont ; tous les servants, à l'exception des premiers de droite et de gauche, se portent vivement au palan de retraite, pour l'abraquer et même palanquer la pièce jusqu'à longueur de brague. Les premiers servants prennent les coins d'arrêts et calent les roues dès que l'affût n'est plus au sabord ; le chef love le cordon du percuteur et relève le marteau.

Le dernier servant de gauche fait une demi-clef au palan de retraite; tous les servants se serrent, faisant face à leur pièce ; les troisièmes à la hauteur du chef, les deuxièmes reprennent leurs postes. (ACTION !)

Deuxième temps. Les troisièmes servants de droite et de gauche, aidés des quatrièmes pour les gros calibres, prennent les anspects, les embarrent sur les adents de l'affût, élèvent ou abaissent la culasse, pour que le chef puisse placer le coussin et le coin de mire de manière à mettre la pièce à même d'être chargée; les autres servants rouent les garants de palan de retraite et de côté; les anspects sont remis à leur place, et chacun reprend son poste. (ACTION!)

5e COMMANDEMENT :

Bouchez la lumière, écouvillonnez, au refouloir, à l'obus!

Deux temps.

Premier temps. Le chef de pièce prend le dégorgeoir de la main droite et l'enfonce dans la lumière pour voir si elle est dégagée ; il la bouche bien ensuite avec le pouce de la main gauche, jusqu'à ce que la pièce soit chargée, ne l'ôtant, pour sonder, que lorsque les chargeurs sont bien effacés. Les premiers servants de droite et de gauche se portent en même temps à la volée de la pièce en passant par-dessus les palans et la brague; le deuxième servant de droite remet au premier l'écouvillon, que celui-ci enfonce dans la pièce, et aussitôt il prend le refouloir plein et le place sous la volée entre les chargeurs, la hampe reposant sur le seuillet du sabord, le bouton sur le pont touchant l'essieu de devant. (ACTION!)

Deuxième temps. Le premier servant de droite, aidé du premier de gauche, tourne plusieurs fois l'écouvillon au fond de l'âme, dans le sens convenable pour faire prendre le tire-bourre; il le retire en continuant à le tourner dans le même sens, l'appuie sur la volée de la pièce, le frappe plusieurs fois pour faire tomber les culots de gargousse et la crasse, et le passe aussitôt au deuxième servant de droite qui le pose sur le pont; il saisit le refouloir plein de la main gauche.

Le chef de pièce introduit le dégorgeoir dans la lumière pour s'assurer qu'elle est parée; si elle ne l'était pas, il ferait le commandement : *Écouvillonnez!* et le deuxième servant de droite renverrait aussitôt l'écouvillon au chargeur pour recommencer le mouvement : le chef rebouche la lumière.

Le dernier servant de droite nettoie le marteau, visite l'escargot et l'écouvillon; les garants de côté sont passés aux derniers servants qui les laissent reposer sur le pont. Les 2e et 3e servants de gauche prennent la boîte vide, si l'on a déjà tiré, et la portent au passage des *obus* où ils la déposent; ils reçoivent la caisse contenant le nouveau projectile, ils la saisissent par les anses, le second servant avec la main droite, le troisième avec la main gauche, et ils vont la poser sous la volée de la pièce. (ACTION!)

6e COMMANDEMENT :

La gargousse dans le canon, à la poudre.

Un temps.

Le premier servant de gauche fait un demi à gauche, reçoit du pourvoyeur la gargoussse qu'il place dans le canon, le culot le premier; dès que la gargousse est introduite, le premier servant de droite et le premier servant de gauche l'enfoncent vivement au fond de l'âme avec le refouloir, par des mouvements successifs et à toute longueur de bras. Le chargeur s'assure qu'elle est rendue par la longueur de la hampe, en avertit le chef en frappant sur la pièce ; il allonge le bras droit de toute sa longueur, a la main gauche sur la volée, le corps incliné en avant prêt à refouler. Le premier servant de gauche, dans une position semblable, tient la hampe du refouloir de la main gauche ; dès que le pourvoyeur a remis la gargousse, il va en chercher une autre, ayant le gargoussier sous le bras gauche et la main droite sur le couvercle. (ACTION !)

7e COMMANDEMENT :

Refoulez !

Un temps.

Les chargeurs refoulent deux coups et abandonnent la hampe du refouloir en effaçant le corps ; le chef s'assure que la gargousse est rendue ; si elle ne l'est pas, il fait le signe négatif pour refouler de nouveau ; si elle l'est, il fait le signe affirmatif, et le refouloir plein est passé au second servant de droite qui le pose sur le pont ; celui-ci prend le refouloir creux de la main gauche et se dispose à le passer au premier servant de droite. Pendant que ces derniers mouvements s'exécutent, le premier servant de gauche se baisse, enlève le couvercle de la boîte à *obus*, et le passe au second servant, qui le place derrière lui. (ACTION !)

8e COMMANDEMENT :

L'obus et le valet dans le canon !

Un temps.

Les chargeurs enlèvent l'obus de sa boîte et le placent dans le canon, le sabot le premier ; le second servant retire aussitôt la boîte, la recouvre, et la place derrière lui : il prend un valet. Le premier servant de droite décoiffe la fusée en arrachant une lanière sur laquelle est collée son enveloppe. Le premier servant de gauche met ensuite sur l'obus le valet qui lui est remis par le second servant, et il place la main gauche devant la bouche de la pièce (1).

Dès que l'obus et le valet sont introduits, le second servant de droite passe le refouloir creux au chargeur qui, aidé du premier servant de gauche, les enfonce vivement et sans secousses au fond de la pièce. Le chargeur s'assure que l'obus est rendu, par la longueur de la hampe ; il en avertit le chef en frappant sur la pièce ; il allonge le bras droit de toute sa longueur, a la main gauche sur la volée, le corps incliné en avant prêt à refouler; le premier servant de gauche, dans une position analogue, tient la hampe du refouloir de la main gauche. (ACTION !)

9e COMMANDEMENT :

Refoulez !

Un temps.

Les chargeurs refoulent deux coups ; celui de gauche revient aussitôt à sa place ; celui de droite retire le refouloir, le passe au second qui le pose sur le pont, et il reprend son poste.

Dès que ces mouvements sont exécutés, le chef de pièce perce la gargousse d'un seul coup de poignet. En même temps le dernier servant de gauche engage l'anspect dans

(1) Les chargeurs doivent porter le plus grand soin à ne point frapper, contre la volée de la pièce, la fusée de l'obus, afin de ne point la briser et d'exposer l'obus à éclater trop tôt.

l'anneau carré, se porte vivement au palan de retraite, en défait la demi-clef, prend le garant des deux mains, met le pied sur l'estrope de la poulie, et se dispose à filer dès que la pièce ira en batterie.

Le dernier servant de droite et l'avant-dernier de gauche rabraquent les garants qui reposaient sur le pont, et les placent ainsi dans les mains des autres servants; les premiers servants de droite et de gauche s'assurent que les coins d'arrêt peuvent s'enlever facilement. (ACTION!)

10e COMMANDEMENT :

En batterie!

Deux temps.

Premier temps. Le chef de pièce prend l'anspect de la main gauche, et se dispose à s'en servir pour diriger la pièce au milieu du sabord; les premiers servants décalent les roues et posent les coins d'arrêt derrière eux, puis ils soutiennent les bragues pour qu'elles ne s'engagent pas pendant le mouvement. (ACTION!)

Deuxième temps. Le chef de pièce fait un signal de la main droite, auquel tous les servants agissent ensemble pour mettre la pièce en batterie droit au milieu du sabord. Aussitôt qu'elle y est, le 4e servant de gauche débarre l'anspect et le pose sur le pont; le chef amorce et assujettit la pièce en passant un tour de chaque garant au collet du bouton; les garants sont tenus par les deuxièmes servants de chaque côté. (ACTION!)

11e COMMANDEMENT :

Tapez, amarrez les obusiers !

Deux temps.

Premier temps. Le troisième servant de droite remet le couvre-lumière au chef de pièce qui l'amarre sur la culasse, décapelle ensuite les garants et les fait tenir par les derniers servants ; il fixe entre les flasques et les garants le mou de la brague, qui est soutenue par les deuxièmes servants; il les arrête par un tour mort au collet du bouton, en passant ensuite le double de chaque garant entre ce garant et la plate-bande de culasse, de dessus en dessous. (ACTION !)

Deuxième temps. Le premier servant de droite met la tape au canon, les autres servants rouent les garants des palans de côté, les amarrent le long des flasques ; le dernier servant de gauche décroche le palan de retraite et le met à sa première place.

Les objets appportés des soutes , et qui ne doivent pas rester dans la batterie, y sont reportés par les canonniers qui avaient été les prendre. (ACTION !)

OBSERVATIONS

SUR LES DIVERS COMMANDEMENTS DE L'EXERCICE DE L'OBUSIER DE 22 c/m et de 30.

L'obusier de 22 c/m, monté sur affût marin modifié, est muni de deux anspects et d'un levier directeur à roulette. Pour le manœuvrer, on engage le levier directeur dans le piton de retraite, et l'on appuie sur le levier pour élever l'arrière de l'affût et faciliter le mouvement. On embarre avec les anspects des deux côtés de l'affût sous les fourrures de la queue des flasques pour jeter la pièce du côté convenable.

L'obus doit être enfoncé de deux ou trois pouces en dedans de la bouche de la pièce avant d'enlever la coiffe.

Si, par accident, le feu prenait à la fusée d'un obus avant son introduction dans la pièce, on aurait le temps de le jeter à la mer, parce que la fusée brûle près d'une minute avant de communiquer le feu à la charge.

Si le feu prenait à la fusée après que l'obus est introduit dans la pièce, il faudrait que les premiers servants reprissent leurs postes en dehors des palans et des bragues, et que le chef de pièce se plaçât sur l'alignement des servants de droite.

Si l'obus ne pouvait entrer dans le canon, il serait remis dans la boîte par les servants et renvoyé à la soute.

Il n'est pas convenable de charger à l'avance à boulets creux, parce qu'il n'y a pas encore de moyen connu pour retirer les projectiles des pièces.

On ne doit pas tirer avec deux projectiles creux, parce que toujours ún de ces projectiles et souvent les deux éclateraient au sortir de la pièce.

Lorsque l'on charge avec une boîte à mitraille, les deuxième et troisième servants de gauche la présentent, comme l'obus, sous la volée de la pièce, afin qu'elle soit à portée des chargeurs pour l'introduire dans le canon.

7e COMMANDEMENT.

Refoulez !

Si elle ne l'est pas, il fait le signe négatif, etc. Il arrive assez souvent, dans les obusiers de gros calibres, que la gargousse n'est pas bien rendue au fond de la chambre, à cause de la grande différence qui existe entre le diamètre de cette chambre et celui du reste de l'âme. Il convient donc, pour ces pièces, de ne point retirer le refouloir plein jusqu'à ce que le chef se soit assuré que la gargousse est bien rendue.

Le signe *négatif* se fera en tenant le dégorgeoir perpendiculaire sur le champ de lumière. Si, au contraire, la gargousse est rendue, le chef fera le signe *affirmatif* en portant vivement son dégorgeoir vers la droite.

Nota. Le canon-obusier de 30, monté sur affût marin, et le canon de 30 ordinaire, chargé à projectiles creux, se manœuvrent comme le canon-obusier de 80, à l'exception que le premier servant de droite n'a plus à s'occuper du placement de l'obus. Le deuxième servant de gauche, seul, se détache pour reporter la caisse vide et prendre l'obus. Ainsi, lorsqu'on se servira du boulet plein dans l'obusier de 30, on fera usage de l'exercice ordinaire du canon et de la charge simultanée. On suppose que l'on soit approvisionné de gargousses à culot sphérique. qui évitent tout arrêt au raccordement de la chambre; on ne se sert dans ce cas que du refouloir creux.

Si le canon obusier de 30 se trouvait monté sur l'affût à crosse, dit affût-Romme, le pointage s'exécutant alors à l'aide d'une vis, le commandement *pointez !* s'exécutera ainsi qu'il est dit ci-dessous. Les autres commandements restent les mêmes pour les deux genres de pièces, sauf les légères modifications suivantes à apporter au quatrième et au cinquième commandement, le troisième étant en entier approprié à l'affut-crosse.

3e COMMANDEMENT :

Pointez!

Trois temps.

1er temps. Le chef de pièce place la hausse au cran indiqué par le chef de batterie et pour la charge qu'il sait être dans l'obusier ; puis il se place à droite du palan de retraite, le pied gauche en avant et à plat, le genou ployé, la jambe droite allongée, la main gauche sur la culasse et la main droite à la manivelle de la vis de pointage. Le troisième servant de droite saisit en même temps une des branches de cette manivelle pour aider le chef à élever ou abaisser la culasse jusqu'à ce que le canon soit au point convenable, c'est-à-dire, que la ligne de mire se trouve dirigée, autant que possible, sur le point où l'on doit viser lorsque le bâtiment est dans une position moyenne à ses balancements de roulis.

Si le pointage doit être très-oblique, on commencera par porter la pièce sur l'avant ou sur l'arrière, de manière à ce qu'elle soit à peu près en direction. On pointe en hauteur, et on attend le deuxième temps pour rectifier la direction. (ACTION !)

2e temps. Le chef se relève, décapelle les garants et en charge les troisièmes servants, aidés de ceux qui ne sont pas occupés au pointage, pour que tous contiennent la pièce au sabord. Puis, il prend de la main droite le cordon du percuteur et se porte vivement en arrière du recul du canon. Le quatrième servant de gauche prend le levier directeur et l'engage dans l'anneau carré ; puis, aidé du quatrième servant de droite, il porte la culasse à droite ou à gauche au commandement du chef, qui vise en s'inclinant et mettant dans le même alignement, son œil, le point le plus élevé de la hausse, le point le plus élevé de la masse de mire et l'objet à battre. (ACTION !)

3e temps. Dès que le pointage est fini, le chef fait le signe *à postes*, auquel le quatrième servant de droite retire le levier directeur de l'anneau carré, reprend son alignement et le tient le gros bout posé sur le pont, hors de la direction des roues. (ACTION).

4e COMMANDEMENT :

Feu !

Deux temps.

Le *1er temps* comme à l'exercice de l'obusier de 22 c/m.

2e temps. Le chef de pièce, aidé du troisième servant de droite, fait mouvoir la vis de pointage pour élever ou abaisser la culasse et mettre la pièce à même d'être chargée, et chacun reprend son poste. (ACTION !)

5e COMMANDEMENT :

Comme à l'exercice de l'obusier de 22 c/m ; seulement, il devient inutile d'envoyer deux servants chercher l'obus. Le deuxième servant de gauche seul en est chargé.

EXERCICE DES DEUX BORDS

POUR LE CANON-OBUSIER, DE 80 ET DE 30.

PRÉPARATION.

Il faut ajouter deux servants supplémentaires pour l'obusier de 22 c/m et un seul à celui de 30. Ils sont nécessaires au transport de l'obus.

Servants supplémentaires des obusiers, à vos postes !

Les hommes désignés pour ce service se rendent à leurs pièces et se forment en second rang derrière les servants de gauche.

1er COMMANDEMENT :

Armez les deux bords !

A ce commandement, les chefs des pièces qui doivent désarmer déposent la boîte à étoupilles sur le bouton de culasse, ainsi qu'il est prescrit dans l'exercice des deu bords du canon ordinaire. (ACTION !)

2e COMMANDEMENT :

Canonniers par le flanc droit et le flanc gauche!

Les servants font à droite et à gauche, comme il est prescrit pour l'exercice du canon des deux bords. (ACTION!)

3e COMMANDEMENT :

Marche!

Les servants se mettent en marche et arment les pièces comme dans l'exercice du canon des deux bords; les servants supplémentaires défilent les derniers, même après le chef, et se portent à la pièce du chef provisoire comme deuxième et troisième servants de gauche. (ACTION!)

EXERCICE.

PREMIÈRE PARTIE.

1er COMMANDEMENT :

Chefs titulaires, dégorgez, amorcez!

Les chefs titulaires seuls amorcent après avoir mis leur pièce en batterie, si elle n'y était pas. (ACTION!)

2e COMMANDEMENT :

Chefs titulaires, pointez!

Les chefs titulaires seuls passent par tous les temps du pointage. (ACTION!)

3e COMMANDEMENT :

Chefs titulaires, feu !

Les chefs titulaires attendent le moment favorable, et ils exécutent le feu ; aidés par leurs servants, ils mettent la pièce hors de batterie et font eux-mêmes la demi-clef au palan de retraite. (ACTION !)

4e COMMANDEMENT :

Servants mobiles. changez !

Les chefs de pièce qui viennent de tirer conservent avec eux le premier servant de droite et les trois premiers de gauche (les deux premiers de gauche seulement, si l'obusier est de 30) et les pourvoyeurs ; les autres servants nommés servants mobiles se portent à la pièce voisine à droite, où ils occupent les mêmes postes qu'à celle du chef titulaire. Si cette pièce était rentrée, le dernier servant de gauche s'arrêterait à la demi-clef du palan de retraite, prêt à filer à mesure que la pièce irait en batterie. (ACTION !)

DEUXIÈME PARTIE.

1er COMMANDEMENT :

CHEFS TITULAIRES,

Bouchez la lumière, écouvillonnez, au refouloir, à l'obus!

Le chef de pièce bouche la lumière ; le premier servant de gauche remet à celui de droite, qui s'est porté à la volée du canon, l'écouvillon dont il se sert, comme il est prescrit dans l'exercice de détail.

Pendant ce temps, le premier servant de gauche met le refouloir plein à la portée du chargeur ; celui-ci renvoie l'écouvillon au premier servant de gauche, qui le pose sur le pont avant de passer par-dessus les palans et la brague pour aider le chargeur dans ses fonctions.

Le deuxième et le troisième servant de gauche (le deuxième seulement pour le 30) reportent la boîte vide et apportent la pleine qu'ils placent sous la volée.

CHEFS PROVISOIRES,

En batterie, dégorgez, amorcez !

Les chefs provisoires mettent en batterie et amorcent leurs pièces.

(ACTION !)

2e COMMANDEMENT :

CHEFS TITULAIRES,

La gargousse dans le canon refoulez !

Le premier servant de gauche reçoit du pourvoyeur la gargousse,

CHEFS PROVISOIRES,

Pointez !

Les chefs provisoires passent par tous les temps du pointage.

qu'il place dans le canon. Dès que la gargousse est introduite, le premier servant de droite et le premier de gauche l'enfoncent vivement au fond de l'âme; ils s'assurent qu'elle y est rendue, en avertissent le chef, refoulent deux coups et effacent le corps : le chef s'assure que la gargousse est rendue. Les chargeurs retirent le refouloir plein, et le premier servant de gauche en pose la hampe sur le seuillet du sabord. Aussitôt que le pourvoyeur a remis la gargousse, il va en chercher une autre.

(ACTION !)

3e COMMANDEMENT.

CHEFS TITULAIRES,	CHEFS PROVISOIRES,
L'obus et le valet dans le canon, refoulez !	**Feu !**
Le deuxième servant de gauche prend alors le refouloir *plein* qui reposait sur le seuillet et le met à son poste; il prend le refouloir *creux* et se dispose à le passer au chargeur.	On exécute le feu; la demi-clef est faite par le chef de pièce.
Les premiers servants de droite et de gauche (le premier de gauche seulement pour le 30) enlèvent l'obus de sa boîte et le placent dans le canon; le premier servant de droite décoiffe la fusée; le premier servant de gauche met ensuite sur l'obus le valet qui lui est remis par	

le deuxième servant, et il place la main devant la bouche de la pièce.

Dès que l'obus et le valet sont introduits, le premier servant de droite reçoit le refouloir *creux* du deuxième servant de gauche : puis, aidé du premier servant, il enfonce vivement la charge au fond de la pièce, avertit le chef qu'elle est rendue, allonge le bras droit de toute sa longueur, refoule deux coups, retire le refouloir, lequel est passé au deuxième servant de gauche, qui le pose sur le pont, et chacun reprend son poste.

(ACTION !)

4e COMMANDEMENT :

Servants mobiles, changez !

Les servants mobiles retournent, comme il a été expliqué, à la pièce du chef titulaire.

Pour continuer l'exercice, les commandements seraient les mêmes, en appliquant aux chefs titulaires ce qui a été dit pour les chefs provisoires et réciproquement.

Pour faire cesser l'exercice, on agira comme dans celui du canon, et l'on renverra les servants supplémentaires dès qu'un seul bord se trouvera armé.

Avant de passer à l'exercice à volonté, on fera faire cet exercice en trois commandements, comme suit :

1er COMMANDEMENT:

CHEFS TITULAIRES,	CHEFS PROVISOIRES,
Écouvillonnez, chargez!	**Pointez, feu !**

(ACTION !)

2e COMMANDEMENT :

Servants mobiles, changez !

(ACTION !)

3e COMMANDEMENT :

CHEFS TITULAIRES,	CHEFS PROVISOIRES,
Pointez, feu !	**Écouvillonnez, chargez !**

EXERCICE DU PIERRIER.

L'armement du pierrier est de deux hommes : un chef de pièce et un chargeur.

Les munitions pour le service des hunes et pour celui des embarcations sont placées dans des barils à bourse ou dans des caisses.

La charge se fait de la même manière que pour le canon, et l'on doit prendre les mêmes précautions.

Si le pierrier est monté sur un chandelier, le chef, pour pointer en hauteur, soulève la queue directrice de la main gauche et place, de la droite, le coin de mire sur le talon du chandelier. Pour donner la direction, il fait mouvoir le chandelier dans son montant.

Si le pierrier est monté sur un affût à coulisses, la manœuvre pour mettre en batterie se fait à la main ; pour donner la direction, on fait glisser le châssis sur la plate-forme : la hauteur se donne comme pour le canon.

EXERCICE DE L'ESPINGOLE.

L'espingole est montée sur un chandelier; elle s'emploie dans les hunes et dans les embarcations.

La charge se fait en deux parties : on déchire la cartouche comme pour le fusil, on bourre, puis on introduit le projectile.

On pointe l'espingole en faisant mouvoir le chandelier dans son montant.

Les munitions sont placées dans des caisses ou dans des barils à bourse, comme celles du pierrier.

AMARRAGE DES CANONS.

On entend en général par amarrage des canons la manière de les fixer dans les batteries. Ces amarrages varient suivant les circonstances du temps, ou même suivant l'état des bâtiments.

AMARRAGE A GARANTS SIMPLES.

Cet amarrage n'est exécuté qu'au mouillage, sur les rades, et à la voile dans les beaux temps. C'est celui qui est indiqué dans l'exercice.

La pièce étant en batterie, maintenue par un tour de chaque garant passé au collet du bouton, le chef de pièce reçoit des troisièmes servants de droite le couvre-percuteur, qu'il amarre sur la culasse; il décapelle ensuite les garants, et les fait tenir par les derniers servants. Il fixe entre ces garants et les flasques le mou de la brague qui est soutenue par les deuxièmes servants. On abraque les garants; le chef en passe un tour mort au collet du bouton de culasse, et les fixe en passant le double de chaque garant entre ce garant et la plate-bande de culasse, de dessus en dessous. Le reste des garants est lové par les deuxième et troisième servants, qui les amarrent le long des flasques. Les derniers servants élongent le palan de retraite et le placent en ceinture en l'accrochant aux pitons des palans de côté, et en le faisant passer sous le bouton de culasse.

AMARRAGE A GARANTS DOUBLES.

Cet amarrage est usité dans les mauvais temps pour les batteries des frégates et les batteries hautes des vaisseaux.

La pièce étant en batterie comme à l'ordinaire, le premier servant de gauche abat le croissant, et l'on palanque la pièce pour la rendre droit au milieu du sabord. Les servants de droite, dirigés par le chef de pièce, passent alors du piton de culasse au croc de sabord, deux tours du garant des palans de droite, et font une bridure de trois tours au ras de la plate bande de culasse : ce garant est ensuite passé sous la culasse, et les servants de gauche exécutent le même amarrage de l'autre côté du canon ; on arrête le garant, ou bien on le passe dans la boucle du pont et de là au collet du bouton. On fait ainsi deux tours, qu'il faut bien raidir après chaque passage ; on finit en faisant sur la croupière, près de la boucle, une bridure qu'on arrête à l'ordinaire. L'autre palan s'amarre à l'ordinaire en faisant passer le garant par-dessus celui qui est doublé, afin de l'avoir toujours à sa disposition si les circonstances exigeaient un amarrage plus solide. Les bragues sont repliées le long des flasques, et le palan de retraite est placé comme à l'ordinaire. Quelquefois, pour consolider cet amarrage, toute la brague est abraquée d'un bord, et on la trésillonne ensuite sur la culasse à l'aide d'un cabillot.

AMARRAGE A LA SERRE.

Cet amarrage est usité pour les batteries basses des vaisseaux, dans les mauvais temps. Comme il est plus long à exécuter que les autres, afin d'éviter la confusion dans la batterie, on l'exécutera par temps, de la manière suivante.

LES CANONS A LA SERRE.

Cinq temps.

Premier temps. Les pièces sont rentrées à la longueur de la brague dans toute la batterie; la demi-clef est faite sur le palan de retraite par le dernier servant de gauche, le premier servant de droite abat le croissant.

Deuxième temps. Le chef, aidé des servants qui, dans l'exercice, sont chargés des anspects, et des derniers servants de droite et de gauche, retire le coussin et laisse tomber avec précaution la culasse sur la sole, ou (s'il juge que la volée sera trop élevée) sur le coin de mire dont la poignée est tournée en dedans de l'affût. Tous les servants se rangent ensuite sur les garants de palan de côté, le cinquième servant de gauche défait la demi-clef du palan de retraite.

Troisième temps. Le chef fait un signal de la main droite, et tous les servants agissent ensemble pour faire rendre la pièce au sabord, de manière que le tiers de la bouche environ appuie sur le fronteau de la serre-banquière. Les premiers servants de droite et de gauche passent alors la brague par-dessus les fusées de l'essieu de devant, qui sont garnies d'un paillet, et saisissent le raban de volée.

Quatrième temps. Les premiers servants assujettissent

la volée au sabord, en passant plusieurs tours de raban sous la volée et dans la boucle de serre. Ces tours sont réunis par une bridure. Les deuxièmes servants brident la brague en avant de l'affût avec l'aiguillette par-dessus les palans, qu'ils serrent sous la brague par trois autres tours, en passant les bouts de l'aiguillette entre les palans et la brague, et serrant fortement tous les tours par le milieu au moyen d'une bridure : on arrête l'aiguillette.

En même temps, les troisième et quatrième servants saisissent les courants du palan de côté, les passent sous la queue des flasques de dehors en dedans, et de là aux crocs des palans de côté de dedans en dehors. On fait ainsi deux tours aux crocs et trois tours à la queue des flasques ; puis on fait trois tours de bridure par-dessus les adents de l'affût qu'il faut garnir d'un paillet, et l'on finit par trois autres tours allongés. Le reste des garants est employé à faire d'autres tours qui se touchent sur l'avant de la poulie où il est enfin fixé.

Cinquième temps. Les derniers servants crochent la poulie double des palans de retraite à la boucle de serre et la poulie simple à l'un des pitons de manœuvre; le garant est bien raidi et passé ensuite dans l'autre piton de manœuvre, de là à la bouche de serre; et l'on fait, entre la hausse et la masse de mire, une bridure qui réunit entre eux les garants de ces deux côtés.

Les deuxièmes servants amarrent le coussin sous la volée et les coins d'arrêt sur l'arrière des roues de l'avant. Les anspects sont placés en travers du sabord sur les crocs de brague.

Nota. Si les canons n'avaient pas d'anneaux de brague, on pourrait alors passer les tours de garant au collet du bouton de culasse, au lieu de les passer sous la queue des flasques, et la bridure se ferait au ras de la plate-bande de culasse. Dans ce cas, le canon est dit *être à la serre par le bouton de culasse.*

AMARRAGE AU GRELIN.

Si les secousses du navire étaient telles qu'on eût des craintes pour les boucles et les crocs, on peut consolider l'amarrage à la serre par un grelin passant sous tous les boutons de culasse et raidi aux deux extrémités de la batterie. Dans chaque poste à canon, il y a des boucles placées sur la fourrure de gouttière, dans chacune desquelles on passe une aiguillette, que l'on fixe sur le grelin ; on les raidit à la fois.

AMARRAGE AUX CHEVRONS DE RETRAITE.

Lorsque le bâtiment est vieux, et que l'on craint de fatiguer ses murailles par les secousses que pourraient donner les batteries à la serre, quand les bordages auraient pris du jeu, on peut encore amarrer les canons de la manière suivante :

On se sert de deux pièces de bois de chêne, nommées *chevrons de retraite ;* elles sont assez longues pour tenir la tranche des canons à quatre ou cinq pouces du sabord. Ces pièces de bois sont entaillées de manière à recevoir d'un bout la tête de chaque flasque ; l'autre bout s'appuie sur le bord. On prend ensuite un cordage ayant à peu près la grosseur de la brague, et nommé pour cela *fausse brague ;* les deux bouts en sont repliés et épissés, afin de former des œillets susceptibles de recevoir la fusée de l'essieu de devant. On capelle ces œillets sur les fusées, et le milieu de la fausse brague passe sous l'affût entre les roues de derrière, et s'aiguillette sur le pont à la boucle de retraite.

L'amarrage s'exécute ensuite comme à l'ordinaire, mais il n'y a plus lieu d'employer le palan de retraite. Les coins d'arrêts sont placés sur l'avant des roues de derrière, et fixés sur le pont, s'il y a lieu, par des grains d'orge.

La pratique de clouer des cabrions sous les roues ne devra être employée que dans les cas extrêmes, ces cabrions fatiguant beaucoup les ponts et faisant ouvrir les coutures.

AMARRAGE LE LONG DU BORD OU EN VACHE.

Pour avoir plus de place à bord, et pour adoucir les roulis du navire, on place les canons contre le bord, dans le sens de la longueur du bâtiment. On accroche les poulies simples des palans à des estropes capelées aux fusées extérieures des essieux de devant et de derrière, et les poulies doubles sont crochées aux boucles de brague à droite et à gauche du sabord, de manière que les palans se croisent. On passe trois tours de garant dans les crocs ainsi que sous les fusées des essieux, et l'on arrête par une bridure au ras de la fusée.

Après avoir ainsi opéré avec chacun des palans, l'un après l'autre, on réunit avec le dernier garant les deux palans au point où ils se croisent au moyen d'une bridure.

NOMENCLATURES EXPLICATIVES

DES PARTIES DES PIÈCES ET DE LEURS AFFUTS, DE LEUR GRÉMENT ET DE LEUR ARMEMENT,

Que les instructeurs doivent montrer aux canonniers pour l'exécution des diverses Manœuvres.

CANON EN FER.

Ame................	L'âme est le vide intérieur destiné à recevoir la charge.
Bouche..............	La bouche est l'entrée de l'âme.
Tranche de la bouche..	La tranche de la bouche est le plan qui termine la pièce à sa partie antérieure.
Gorge de la bouche....	La gorge de la bouche est la moulure entre la tranche et la ceinture de la couronne.
Ceinture de la couronne	La ceinture de la couronne est la moulure qui entoure le canon entre la gorge de la bouche et le commencement du bourrelet.
Tulipe...............	La tulipe est le renflement du métal qui se trouve vers la bouche entre la ceinture de la couronne et la plate-bande du collet : elle se compose du bourrelet et de son collet.

Bourrelet	Le bourrelet est la partie de la tulipe comprise entre la ceinture de la couronne et son collet ; sur son plus grand renflement est pratiquée une entaille ou cran de mire pour pointer la pièce.
Collet de la tulipe	Le collet de la tulipe est la moulure qui entoure la pièce à partir du bourrelet jusqu'à la plate-bande du collet.
Plate-bande du collet	La plate-bande du collet est la moulure qui entoure le canon au bas du collet.
Volée	La volée est la partie de la pièce comprise entre la plate-bande du collet et la gorge du renfort.
Gorge du renfort	La gorge du renfort est la moulure comprise entre la volée et le renfort.
Support de fronteau	Le support de fronteau de mire est une partie saillante de métal placée sur la gorge du renfort et sur la volée ; il est percé de deux trous perpendiculairement à son dessus et d'un trou perpendiculaire à la direction de ces premiers, pour l'ajustage du fronteau : ce support n'existe pas dans les canons fabriqués avant 1840.
Renfort	Le renfort est la partie de la pièce comprise entre la gorge du renfort et celle de la plate-bande de culasse.
Tourillons	Les tourillons sont les parties cylindriques et saillantes placées de chaque côté du canon et par lesquelles il s'appuie sur l'affût.
Embases	Les embases sont des renforts de métal cylindriques ayant le même axe que les tourillons ; elles sont placées à leur base contre la pièce pour augmenter la force de ses tourillons et pour empêcher le canon de ballotter entre les flasques de l'affût contre l'intérieur desquels s'appuie la coupe de ces embases.

Plate-bande de renfort.	La plate-bande de renfort est la moulure qui entoure le canon au milieu du renfort dans les canons de 36, 30, 24 et 18, et 8 longs seulement.
Astragale et ses deux listels.............	L'astragale et ses deux listels sont les moulures qui entourent le canon sur le renfort, en avant du support du percuteur, dans les canons de 36, 30, 24, 18, 12 et 8 longs seulement.
Support du percut ur..	Le support du percuteur est une partie saillante de métal, placée sur la gorge de la plate-bande de culasse et sur le renfort ; il est percé de deux trous pour le passage des boulons qui fixent le percuteur.
Champ ou canal de lumière............	Le champ ou canal de lumière est le creux pratiqué sur le dessus du support et dans lequel aboutit la lumière ; il est dirigé vers la bouche de la pièce.
Lumière.............	La lumière est le trou cylindrique qui, partant du champ de lumière, aboutit vers le fond de l'âme, et par lequel on communique le feu à la charge.
Culasse..............	La culasse est le derrière de la pièce à partir du fond de l'âme, jusqu'à la naissance du collet du bouton de culasse.
Gorge de la plate-bande de culasse.........	La gorge de la plate-bande de culasse est la moulure qui entoure le canon entre le renfort et le listel de cette plate-bande.
Listel de la plate-bande de culasse.........	Le listel de la plate-bande de culasse est la moulure qui entoure le canon entre la gorge et la plate-bande de culasse.
Plate-bande de culasse.	La plate-bande de culasse est la moulure qui entoure la pièce entre le listel et le cul-de-lampe ; sur sa partie supérieure est pratiquée une entaille ou cran de mire pour pointer la pièce.

Cul-de-lampe.........	Le cul-de-lampe est la partie formée de trois arcs tangents, dont un concave et deux convexes; un de ces derniers termine la culasse jusqu'à la naissance du collet du bouton de culasse.
Crocs de brague	Les crocs de brague sont deux parties saillantes de métal situées, l'une sur le cul-de-lampe, l'autre sur le collet du bouton de culasse; elles sont percées chacune d'un trou dans leur épaisseur pour le passage des boulons qui servent à fixer la bride de la brague. (Ces crocs n'existent qu'aux pièces fondues postérieurement à celles du modèle de 1786).
Collet de bouton de culasse	Le collet du bouton de culasse est la moulure par laquelle le bouton se raccorde au cul-de-lampe.
Bouton de culasse.....	Le bouton de culasse est la partie saillante et de forme arrondie qui termine la pièce.

AFFUT MARIN.

PARTIES EN BOIS.

2 flasques............	Les flasques sont les deux pièces principales de l'affut sur lesquelles repose le canon; chaque flasque est composé de deux parties assemblées au moyen de crans et de goujons. On distingue dans les flasques, savoir : L'encastrement des tourillons; L'arc de dégorgement du dessous des flasques, qui a pour objet de diminuer leurs poids ; Les quatre adents, faits sur le dessus du derrière des flasques, ayant aussi pour objet de diminuer leur poids ; de plus ils servent d'appui aux anspects lorsque l'on pointe,

1 entretoise..........	L'entretoise est une pièce embrévée dans les flasques et qui sert à les assembler par devant et dans le sens de leur hauteur.
2 essieux	Les essieux sont deux pièces transversales qui servent à supporter les flasques et à consolider leur assemblage ainsi qu'à recevoir les roulettes. On distingue dans les essieux : Le *corps*, qui est la partie équarrie portant les encastrements d'assemblage avec les flasques ; Les *fusées*, qui sont les parties cylindriques des extrémités des essieux destinées à recevoir les roulettes.
1 sole...............	La sole est une pièce adaptée aux essieux de devant et de derrière, entre les flasques; elle sert d'appui au coussin.
1 croissant...........	Le croissant est composé de deux parties, dont une fixe, qui est embrévée dans les flasques, en avant de l'entretoise; et l'autre, mobile, qui est arrondie par devant. Elle est jointe à la première au moyen de deux charnières; le croissant sert à faciliter le pointage.
4 roulettes...........	Les quatre roulettes servent à supporter l'affût et à le manœuvrer; chaque roulette est composée de quatre parties d'égale épaisseur, assemblées deux à deux avec des goujons.
2 fourrures d'anspect.	Les fourrures d'anspect sont des parties rapportées que l'on met en dessous du bout de chaque flasque, pour faciliter l'action de l'anspect lors du pointage: elles sont recouvertes d'une bandelette en tôle.
3 taquets d'essieux....	Les trois taquets d'essieux, dont deux sont placés dessous l'essieu de devant, près de ses extrémités, et le troisième dessous le milieu de l'essieu de derrière, sont destinés à suppléer aux roulettes dans le cas où elles seraient cassées.

2 liteaux de pointage..	Les deux liteaux de pointage sont fixés chacun par trois clous en dedans des flasques, près de l'anneau carré et du piton de pointage.
1 coussin	Le coussin est un prisme en bois léger dont les bases parallèles sont des trapèzes. Il est garni de deux garcettes vers son gros bout. Il sert pour donner l'inclinaison convenable à la pièce, lorsqu'on la pointe; il est placé à cet effet sur la sole, sa face inclinée en dessus. Les garcettes servent à l'amarrer dans cette position pour l'y maintenir.
2 coins de mire.......	Ces coins en bois d'orme sont garnis d'une poignée en bois tourné; ils se placent sur le coussin ou sur la sole, et servent à pointer la pièce.

PARTIES EN FER.

2 clous rivets de tête de flasque, et leur contre-rivures	Ces clous, qui traversent les flasques perpendiculairement à leurs faces, la tête en dehors, les contre-rivures en dedans, sont placés en avant des chevilles à mentonnet; ils servent à consolider le bois des parties qu'ils traversent.
chevilles à mentonnet { 2 rosett. sans chanfrein. 2 roulettes et 2 écrous carrés.....	Ces chevilles traversent le milieu de l'épaisseur des flasques depuis leur dessus en avant de l'encastrement des tourillons jusqu'au-dessous de l'essieu de devant; elles servent à assembler les deux parties des flasques avec les essieux et à fixer les sus-bandes.
2 chevilles à tête plate. { 2 rosett. sans chanfrein. 2 rondelles et 2 écrous carrés.. ..	Ces chevilles traversent les flasques comme celles à mentonnet; le plat de la tête est parallèle aux faces des flasques. Elles sont placées derrière l'encastrement des tourillons, pour servir à l'assemblage des deux parties des flaques, et leur tête, qui est percée d'un tron de clavette, sert à fixer les sus-bandes.

2 sus-bandes.	2 pitons..... 2 chalnettes. 2 clavettes..	Ces sus-bandes sont des plaques de fer coudées et cintrées. Chacune d'elles se compose de deux pattes; celles de devant sont terminées par des bourrelets qui embrassent les chevilles à mentonnet, et leurs pattes opposées sont percées de trous dans lesquels passent les chevilles à tête plate. Les clavettes sont adaptées sur les pattes de derrière au moyen de pitons et de chaînettes. Les sus-bandes servent à maintenir le canon dans l'encastrement des tourillons.
2 pitons à fourche.	2 rondelles en tôle....... 2 écrous....	Ces pitons, placés au milieu des flasques, perpendiculairement à leurs faces extérieures, sont disposés pour recevoir la brague qu'ils soutiennent dans les manœuvres.
2 chevilles à tête ronde	2 rosettes à chanfrein.. 2 rondelles.. 2 écrous	Cés chevilles sont placées entre celles à tête plate et celles à tête carrée; elles traversent les flasques dans le milieu de leur épaisseur et dans une direction perpendiculaire à leur dessus; elles servent à consolider l'assemblage des deux parties dont ces flasques se composent. (L'affût de 12 n'en a pas.)
2 chevilles à tête carrée.	2 rondelles.. 2 écrous carrés	Ces chevilles traversent le milieu de l'épaisseur des flasques depuis le dessus des deuxièmes adents jusqu'au-dessous de l'essieu de derrière; elles servent à assembler cet essieu avec les flasques.
2 chevilles à piton	2 rondelles.. 2 écrous carrés	Ces chevilles traversent les flasques au milieu de leur épaisseur depuis le dessus des derniers adents jusqu'au-dessous de l'essieu de derrière, et elles servent à consolider l'assemblage de cet essieu avec les flasques, ainsi qu'à crocher les poulies simples des palans de côté.

2 bandelettes de fourrures d'anspect.	22 clous à la tête fraisée	Ces bandelettes sont clouées sur le bas et en dessous des flasques; elles s'appliquent exactement sur toutes les parties du bois qu'elles recouvrent, et sur les fourrures d'anspect: elles sont percées de trois trous à chacune de leurs extrémités et de cinq trous semblables à leur milieu. Ces pièces servent d'appui aux anspects dans la manœuvre.
1 boulon d'assemblage.	2 rosettes... 1 écrou carré.	Ce boulon lie les flasques avec l'entretoise, qu'il traverse dans le milieu de son épaisseur et parallèlement à son dessus.
1 anneau carré de pointage.	1 rondelle... 1 écrou rond.	Cet anneau, placé en dedans du flasque gauche, au-dessus de l'essieu de l'arrière, sert à embarrer l'anspect pour porter l'affût du côté convenable dans la manœuvre.
1 piton de pointage.	1 rondelle en tôle ...... 1 écrou rond.	Ce piton, placé en dedans du flasque droit au-dessus de l'essieu de l'arrière, était destiné à embarrer la pince pour le même objet que l'anspect, lorsque l'on se servait d'une pince et d'un anspect pour manœuvrer la pièce.
1 piton de croupière.	1 rondelle... 2 écrous carrées	Ce piton, placé perpendiculairement au milieu de la longueur de l'essieu qu'il traverse dans son épaisseur, sert à crocher le palan de retraite pour la manœuvre de la pièce.
4 viroles de bouts de fusées d'essieux.	12 clous.....	Chacune de ces viroles est percée de trois trous de clous, et elles sont fixées par ces clous au bout des fusées d'essieux où elles sont encastrées. Elles servent à consolider les fusées et à empêcher leur bout de se fendre.
4 équignons.	4 clous à têtes fraisées....	Ces équignons, qui sont percés de quatre trous de clous à têtes fraisées pour affûts de 30 et de trois pour affûts de 12, sont encastrés de toute leur épaisseur en dessous des fusées d'essieu: leurs extrémités touchent l'épaulement et la virole de ces essieux. Ils servent à préserver le bois des fusées des effets du frottement des roulettes et à diminuer le frottement.

4 esses ...	4 goupilles..	Ces esses s'enfoncent jusqu'à l'épaulement de leur tête dans les trous des bouts de fusées d'essieux, et leurs goupilles, dont les bouts sont pliés sur leurs tiges, sont passées dans les trous pratiqués à leurs extrémités, qui excèdent le dessous des fusées ; les esses servent à maintenir les roulettes sur les essieux.
16 plaques cintrées de roulettes.	32 clous à rivets.......	Ces plaques sont encastrées de leur épaisseur, et elles servent de contre-rivures aux bouts des rivets. Il y en a deux sur chacune des faces des roulettes ; elles ont pour objet de consolider leur assemblage au moyen des rivets.

GRÉMENT DU CANON.

1 brague.............	Gros et fort cordage garni de deux cosses en fer à ses extrémités et attaché à deux pitons à fourche ou à deux crampes avec manilles, fixés dans la muraille du bâtiment, à droite et à gauche du sabord. Il sert à borner l'étendue du recul du canon et pour ses divers amarrages. Sa longueur doit être telle que la brague puisse être engagée sous les fusées de l'essieu de l'avant, lorsque le canon est à la serre.
2 palans de côté......	Ces palans sont composés chacun d'un cordage, que l'on nomme garant, et de deux poulies, dont une *double* et une simple ; les poulies sont garnies d'estropes en cordage et de crocs en fer. On distingue dans ces poulies la *caisse* en bois d'orme, ayant une ou deux mortaises, les réas ou rias en bois de gaïac, avec leurs *axes* en fer, qui sont fixés dans les caisses. On a proposé de garnir ces rias de *boîtes* en cuivre, pour en augmenter la durée et diminuer leur frottement. Les palans de côté ont leurs poulies doubles crochées à des crocs fixés dans la muraille du bâtiment, près du sabord, et leur poulie simple aux chevilles à pitons de l'affût. Ils servent pour la manœuvre et les amarrages de la pièce.

1 palan de retraite....	Ce palan est semblable à ceux de côté; sa poulie double se croche au piton de croupière de l'affût, et sa poulie simple à la boucle d'hiloire pour la manœuvre du canon. Il sert aussi pour les divers amarrages de la pièce.
1 estrope de culasse...	Cette estrope est une brague ou lien en cordage, épissé par les deux bouts, que l'on place au bouton de culasse pour crocher la poulie simple du palan de retraite, lorsque l'on met le canon à la serre.
1 raban de volée......	Cordage par le moyen duquel on fixe invariablement, contre la face intérieure de la muraille du bâtiment, la volée du canon lorsqu'il est à la serre.
1 aiguillette..........	Petit cordage employé pour augmenter la tension de la brague et des palans de côté, dont il entoure, rapproche et saisit étroitement toutes les branches, lorsque le canon est à la serre.
2 rabans des sabords..	Forts cordages en quarantenier, fixés au sabord et qu'on emploie pour maintenir le mantelet de sabord fermé.
1 itague.............	Cordage dont les deux bouts, qui traversent la muraille du bâtiment du dedans en dehors, sont attachés aux anneaux placés au bord inférieur du mantelet de sabord. Son milieu est garni d'une cosse pour crocher le palanquin. Ce cordage sert à ouvrir le mantelet et à le maintenir ouvert.
1 palanquin (simple pour les sabords de bricks)...........	Petit palan croché à la cosse fixée au milieu de l'itague, en dedans du bâtiment, et à la crampe ou piton à écrou de palanquin. Il sert à ouvrir le mantelet du sabord et à le maintenir dans cette position.

ARMEMENT DU CANON.

1 tape...............	Bouchon en liége ou en bois tourné employé pour fermer la bouche des pièces.

1 fronteau de mire.... Masse de cuivre adaptée à l'extrémité du renfort du canon, où elle est fixée par des brides en fer qui enveloppent la pièce en avant et en arrière des embases, aux pièces antérieures à 1840; aux pièces postérieures à cette époque, elle est fixée sur le support du fronteau de mire.

Une entaille ou *cran de mire*, correspondant à celui de la hausse, est pratiquée sur la face supérieure du fronteau. Il doit être remplacé par un *guidon* comme celui adapté aux fusils. L'objet de ce fronteau et de la hausse est de permettre de se donner une ligne de mire parallèle à l'axe de la pièce, ainsi que les angles de mire qui conviennent aux distances auxquelles on doit tirer avec les diverses espèces de projectiles employés.

Hausse.............. La hausse se compose d'une tige en fer, graduée, nommée *curseur*, qui glisse dans une *boîte* en cuivre adaptée à la culasse de la pièce, et qui s'arrête où l'on veut au moyen *d'une vis de pression*. Une entaille ou cran de mire, correspondant à celui du fronteau, est pratiquée sur le dessus et au milieu de la tête du curseur. Cet instrument sert à faire varier à volonté les angles de mire, en combinant ses effets avec ceux du fronteau, ce qui donne la faculté de pointer de but en blanc à quelque distance que l'on se trouve de l'objet à battre, si, toutefois, l'on n'est pas hors de portée : on obtiendra ces résultats en élevant la hausse aux hauteurs correspondant aux distances auxquelles on doit tirer, qui sont indiquées sur son curseur par des crans.

Percuteur............	2 boulons 2 écrous à oreilles 1 cordon garni de son cabillot.	Le percuteur se compose de deux parties principales qui sont : Un *corps* en fer forgé ; Un *marteau* à deux têtes, en bronze, avec un manche en fer forgé. On distingue dans le corps: *deux oreilles* qui servent à recevoir le *boulon-tourillon* en fer sur lequel le marteau tourne; *un piton* servant pour le passage du cordon ; une *bande en cuir fort* fixée avec *deux vis* sur la partie du corps en arrière du marteau, pour amortir le contrecoup lors du tir ; un *verron* y est aussi adapté pour empêcher l'étoupille de sortir de la lumière par la secousse que donne le tir des pièces voisines. L'extrémité du manche du marteau porte une came qui fait mouvoir ce verrou ; le corps est percé de deux trous correspondant à ceux des supports des pièces pour le passage des boulons qui servent à y adapter le percuteur. Enfin, il est garni d'un *cordon* qui, passé dans le piton, est attaché au manche du marteau par un de ses bouts, et *un cabillot* en bois est amarré à son autre extrémité. Cet instrument sert à communiquer le feu à la charge, en faisant tomber le marteau avec force sur l'étoupille au moyen du cordon.

1 couvre-percuteur ...	Ce couvre-percuteur est en cuivre pour les pièces des chambres, et en plomb et étain pour le reste de la batterie; il est garni de ***deux rabans*** qui servent à l'amarrer à la culasse, sur le percuteur et la lumière, qu'il est destiné à préserver des accidents auxquels ils seraient exposés sans cette précaution.
1 couvre-lumière plat .	Ce couvre-lumière est une plaque en plomb garnie de ***deux rabans*** en cordage pour l'amarrer sur la culasse comme le couvre-percuteur.
1 dégorgeoir en gros fil de fer	Broche terminée à une de ses extrémités par un anneau, et à l'autre par une pointe. Il sert pour dégorger la lumière et pour percer la gargousse; il est porté par le chef de pièce.
1 boîte à étoupilles fulminantes....... ..	Boîte en fer-blanc, garnie d'une *courroie* en cuir qui a *une boucle.* Cette boîte est portée par le chef de pièce.
1 doigtier............	Petit sachet en cuir garni de crin, que le chef de pièce met au pouce de la main gauche, et qu'il s'attache au poignet au moyen de deux lanières : il sert à boucher la lumière.
1 écouvillon..........	Sur une seule hampe. Pour canons de 36, 30, 24 et 18, il se compose d'une *hampe* en bois de hêtre, d'une *tête* en bois de peuplier, recouverte *d'une peau de mouton;* enfin d'un *petit tire-bourre* qui est placé dans le bout de la tête; il sert à nettoyer les pièces.
1 refouloir..........	Sur une seule hampe. Pour les mêmes calibres que ceux indiqués pour l'écouvillon simple. Il se compose *d'une hampe* semblable à celle de l'écouvillon et d'une tête ou *bouton* en orme; il sert à enfoncer la charge au fond de l'âme de la pièce.

1 écouvillon et refouloir	Sur la même hampe. Pour les canons de 12 et de 8, la tête de l'écouvillon et celle du refouloir, décrites ci-dessus, sont montées sur la même hampe et servent aux mêmes usages.
2 garde-feu ou gargoussiers.............	Boîte cylindrique en cuir fort, fermée par un couvercie à poignée de même matière, et garnie de deux lanières en cuir souple; un écusson, dans lequel est indiqué le numéro de la pièce à laquelle il appartient, est peint sur la surface extérieure de ce gargoussier; il y en a deux par pièce : ils servent à renfermer et à mettre à l'abri du feu les gargousses lorsqu'on les porte dans les batteries pour l'approvisionnement des pièces.
2 anspects...........	L'anspect est un levier en bois de chêne, servant à la manœuvre des pièces, et dans lequel on distingue le *gros bout*, qui est un parallélipipède rectangle, terminé par un *biseau*, garni *d'une plaque en fer* fixé par des clous rivets; l'autre partie de ce levier est arrondie et diminue successivement de grosseur jusqu'à son *petit bout.* Le règlement d'armement n'en admet qu'un par canon. Mais il en faut deux pour ces exercices, parce qu'on y a supprimé l'emploi d'une pince pour chaque pièce.
2 coins d'arrêt........	Ces coins, en bois, sont garnis de poignées également en bois, adaptées à une de leurs faces parallèles, de manière à ce qu'elles soient tournées en dehors pour les deux coins d'une même pièce, lorsque ces derniers sont placés sous les roues de devant de l'affût, pour le caler, pendant la manœuvre, en remplacement de la pince.

1 baille de combat....	Cette baille, en cône tronqué, dont l'ouverture est à la petite base, est garnie de *trois cercles* en fer : celni du milieu maintient deux poignées aussi en fer; un écusson dans lequel est inscrit le numéro du canon, est peint sur la surface extérieure. Elle sert à recevoir le boute-feu et à contenir l'eau nécessaire dans les batteries, en cas d'incendie.
1 faubert............	Faisceau de fils de caret lié par une de ses extrémités et emmanché d'un bâton, comme un balai, ou garni d'une *estrope*. Il sert à humecter le pont et les sabords pour prévenir les incendies.
1 seau d'incendie.....	Ce seau en bois est cerclé en fer, et il est numéroté comme la baille de combat; il reste croché à son poste pendant la manœuvre, et on y dépose le fanal lorsque l'on ne manœuvre pas. Il sert à jeter de l'eau pour prévenir et arrêter les incendies.
1 fanal de combat de nuit..............	Ces fanaux, qui servent pour les combats de nuit, sont vitrés en glaces; ils servent aussi pour le passage des blessés; il y en a un par canon de chaque batterie couverte, plus un huitième de la totalité à bord des vaisseaux, et un sixième à bord des frégates et bâtiments inférieurs, augmenté de quatre pour le poste des blessés; les fanaux des canons sont placés dans les seaux, lorsqu'ils ne sont pas crochés près des pièces à leur poste de combat.
1 sac en toile, ou tablier, avec amarrage	Ce sac sert à contenir les ustensiles nécessaires à la propreté de la pièce. Il est porté, dans les manœuvres, par le cinquième servant de droite, et il se place dans le gargoussier, lorsque l'on ne manœuvre pas.
1 coiffe de volée......	Cette coiffe, qui est en toile peinte, sert pour couvrir la volée, lorsque les pièces sont en batterie et qu'il y a de la mer.

1 coiffe d'écouvillon...	Cette coiffe, en toile peinte, sert à couvrir la tête de l'écouvillon pour sa conservation, lorsque l'on ne manœuvre pas.
Corne d'amorce.......	Longue corne destinée à contenir de la poudre nécessaire pour amorcer les canons lorsque les étoupilles viennent à rater; elle est fermée à son gros bout par un *culot en bois*, percé au centre d'un trou taraudé, par lequel on introduit la poudre, et qui est bouché par *une poignée à vis;* son autre extrémité est garnie d'*un bout de cuivre* coupé en sifflet, et fermant au moyen d'*un clapet à branche* et *à ressort* qui s'applique sur son ouverture. La corne d'amorce est garnie, en outre, de *deux petits pitons en cuivre,* placés à ses extrémités, et auxquels est attaché *un raban* ou cordage qui sert à la porter en bandoulière. Il y a *une* corne d'amorce par *trois* pièces.
Écouvillon et refouloir à hampe en corde..	Cet écouvillon et ce refouloir sont semblables à ceux décrits ci-dessus, mais ils sont montés sur une hampe en corde, afin de pouvoir être employés à charger les pièces lorsque la mer est assez forte pour obliger de fermer les sabords, bien qu'elle permette encore de combattre. On délivre un de ces écouvillons et refouloirs par deux bouches à feu des batteries basses, et des deuxièmes batteries des vaisseaux à trois ponts.
Épinglette............	Petit dégorgeoir ne différant de celui décrit ci-dessus, qu'en ce qu'il est en fil de fer plus mince; il est attaché au raban de la corne d'amorce, et il sert pour introduire la poudre dans la lumière lorsque l'on fait usage de cette corne. Il y en a un par corne d'amorce.

Dégorgeoir à vrille....	Ce dégorgeoir se compose d'*une poignée* en bois et d'une longue *mèche* d'un diamètre plus petit que celui de la lumière; il sert à parer la lumière lorsqu'elle est engagée et que le dégorgeoir a été insuffisant. Il y en a un par deux canons et *un par caronade des embarcations.*
Vilbrequin	Instrument employé pour faire tourner une longue mèche sans poignée dont on se sert pour dégorger la lumière d'une bouche à feu, quand on n'a pu y réussir avec le dégorgeoir à vrille. Il se compose d'*un tenon* dans lequel se place *la tête* de la mèche, d'une *poignée* dont l'axe est à quelques centimètres de celui des tenons et de la mèche, enfin d'une *pomme* sur laquelle on appuie pour s'en servir. Il y a deux *mèches* par chaque vilebrequin et un seulement par bouche à feu.
Boute-feu............	Bâton tourné dans toute sa longueur, qui est d'environ 60 centimètres. Il est destiné à porter un bout de mèche à canon pour mettre le feu aux pièces, quand le percuteur a manqué son effet. *Sa tête* est garnie d'une *pince* en fer, dont les branches se rapprochent au moyen d'une *vis à main*, dans le boute-feu nouveau modèle. La tête de celui précédemment en usage est percée, dans le sens de sa longueur, d'une mortaise arrondie vers le fond; cette mortaise est garnie de fer-blanc pour empêcher que la mèche ne brûle le bois, si on oubliait de la retirer. Le *pied* du boute-feu est aussi garni d'une *virole* et armé *d'une pointe* en fer; cette pointe sert à le piquer dans la baille de combat. On n'en donne plus qu'*un* par *trois* bouches à feu dans la batterie et sur les gaillards.

Tire-bourre..........	Instrument formé d'une *douille* en fer, à *deux branches* acérées à leurs extrémités et tournées en spirale, de manière que les *pointes* qui les terminent se trouvent diamétralement opposées. Ce tire-bourre, pour canon de 36, 30, 24 et 18, est monté sur une *hampe* en bois qui lui est particulière; pour les canons de 12, il est monté sur la même hampe que la cuiller. Il sert à retirer la charge de l'âme des pièces. On en délivre *un* par *quatre* bouches à feu.
Cuiller...............	Instrument employé pour décharger les pièces. Cette cuiller se compose d'nne *hampe* et d'une *tête en bois* portant une *feuille de cuivre rouge ployée cylindriquement*, mais laissant une ouverture longitudinale assez grande pour recevoir le boulet et la gargousse. La cuiller pour canon de 36, 30, 24 et 18, est montée sur une hampe qui lui est spéciale, et celle pour les canons de 12 est installée sur la même hampe que le tire-bourre. On en délivre une par quatre bouches à feu.
Pince................	Levier en fer dont on se sert dans la manœuvre des canons. Cette pince se compose d'une partie relevée en *pied de biche*, d'un *corps carré*, près du pied ; elle est à huit pans un peu au-dessus, arrondie ensuite et se termine en pointe à son petit bout, qu'on nomme *diamant*. La jonction du pied au corps de la pince se nomme *talon*. Il en fallait autrefois une par pièce : mais comme elle a été remplacée par un anspect, il n'est plus nécessaire d'en avoir autant.
Clefs de percuteurs....	Ces clefs sont des tourne-vis destinés à resserrer les vis à écrou des percuteurs, s'il y a lieu. Il y en a *une* par quatre pièces.

Grand sac............		Sac en toile, qui est destiné à contenir les ustensiles communs au service de plusieurs pièces de canon, tels que vilebrequins, dégorgeoirs à vrille, etc. Il en faut deux par batterie.
Valets. ...	Cylindrique..	Bouchon cylindrique en vieux cordage pour maintenir la charge dans l'âme de la pièce, lorsque le canon est chargé à mitraille ou lorsqu'il doit rester longtemps chargé. On n'en délivre qu'un dixième de la totalité de l'approvisionnement.
	Erseau......	Couronne en cordage pour maintenir la charge dans l'âme des bouches à feu, lorsque l'on doit tirer immédiatement, comme dans un combat ou un exercice. Une section de 2 à 3 centimètres est faite dans ces erseaux pour faciliter leur introduction dans la pièce, et on les y enfonce avec le refouloir, en même temps que la charge. On en délivre autant que de boulets.
Projectiles............		Les projectiles qu'on lance avec les canons sont : Les boulets ronds, pleins ; Les boulets creux ou obus ; Et les paquets de mitraille à grosses ou à petites balles. Les mitrailles pour canon sont montées sur des plateaux en fer forgé, traversés dans leur milieu par une tige également en fer, et rivée en dessous. Les balles sont renfermées dans un sac de toile fixé à la tige et entouré d'un transfilage en merlin goudronné.

CARONADE.

Ame : son évasem^t. son raccordement...... sa chambre..	Comme celle du canon, son *évasement* est à la bouche, et le raccordement par lequel elle se réunit à sa chambre est situé vers le fond de l'âme ; sa chambre qui est cylindrique est terminée par une demi-sphère de même diamètre qu'elle, mais plus petit que celui du reste de l'âme. L'évasement de la bouche a pour objet de faciliter l'introduction de la charge dans la pièce, et la chambre est destinée à contenir la charge de poudre seulement.
Bouche..............	Comme pour le canon.
Tranche.............	*Idem.*
Ceinture.............	Partie de la caronade depuis la tranche jusqu'à la gorge de la plate-bande de volée.
Gorge de plate-bande de volée............	Partie de la pièce comprise entre la ceinture et la plate bande de volée ; elle sert à la raccorder.
Plate-bande de volée ..	Tronc de cône entre la gorge de plate-bande de volée et le bourrelet.
Bourrelet.............	Espèce de tore compris entre la volée et la plate-bande : une entaille ou cran de mire est pratiquée dans la partie supérieure.
Fronteau de mire.....	Partie saillante dont le plan supérieur est tangent au bourrelet et parallèle à la plate-bande de volée, à l'extrémité de laquelle elle se termine. Le cran de mire du bourrelet se prolonge sur sa face supérieure.
Volée................	Partie de la pièce comprise entre le bourrelet et la gorge du renfort.
Gorge du renfort	Comme pour le canon.
Support de fronteau de mire.............	*Idem.*
Renfort.............	*Idem.*

Support-Tourillon.....	Partie saillante en dessous de la caronade, percée d'un trou cylindrique tangent au renfort pour le passage du boulon en fer forgé qui lui sert de tourillon.
Gorge de la plate-bande de culasse.........	Comme pour le canon.
Culasse..............	Espèce de tore compris entre sa plate-bande et le listel du bouton de culasse.
Plate-bande de culasse.	Tronc de cône compris entre sa gorge et la culasse.
Support de platine....	Comme pour le canon, et placé en dessus de la caronade sur la culasse et sur la plate-bande ; il est terminé par une masse de mire dans laquelle est pratiquée une entaille ou *cran de mire* correspondant à celui du bourrelet et du fronteau de mire.
Listel du collet du bouton de culasse.....	Partie cylindrique comprise entre la culasse et la gorge du bouton de culasse.
Gorge du bouton de culasse..............	Partie comprise entre le listel et le bouton de culasse, auquel elle se raccorde suivant des arcs de cercles tangents en dessus, en dessous et des deux côtés du bouton.
Bouton de culasse.....	Partie cylindrique qui termine la caronade, à laquelle il se réunit, par la gorge, comme il vient d'être dit ; il est percé d'un trou cylindrique dirigé perpendiculairement à ses bases parallèles pour le passage de la vis de pointage.

AFFUT DE CARONADE.

PARTIES EN BOIS.

1 semelle............	Cette semelle est ordinairement en bois d'orme; c'est sur elle que sont fixées les crapaudines qui supportent la caronade, et les ferrures qui servent à la maintenir sur le châssis qui la reçoit. Elle est d'une ou de deux pièces, suivant le calibre des caronades.
1 châssis............	Partie de l'affût sur laquelle se place la semelle, et de la même forme qu'elle, mais entaillée dans son milieu, suivant sa longueur, de manière à former une coulisse arrondie aux deux extrémités pour le passage du pivot de la semelle. Ce châssis, ordinairement en bois d'orme, est composé de deux pièces; il reçoit les ferrures qui servent à l'assembler, à fixer l'affût contre le bord, et à l'assembler avec les supports.
2 supports de châssis..	Espèce de taquets qui supportent le châssis qu'ils débordent de chaque côté, et qu'ils élèvent au-dessus du pont; celui de devant est assez éloigné de la tête de l'affût pour ne pas porter contre la fourrure de gouttière, et il est arrondi de ce côté comme le châssis, afin de ne pas gêner le pointage oblique; il est aussi arrondi en dedans sur la largeur du châssis seulement. Le support de derrière est posé de manière à laisser assez de place à l'extrémité du châssis pour permettre d'y embarrer avec un anspect en cas de besoin. Ces deux supports sont entaillés en dessus pour être assemblés par des boulons rivés au châssis.

1 taquet de semelle....	Ce taquet, nouvellement adapté aux affûts de caronade, est fixé au moyen de clous et de rivets sur la semelle, où il est placé en arrière de l'emplacement qui reçoit la tête de la vis de pointage; sa direction est oblique par rapport aux côtés de la semelle, sur laquelle il forme une coulisse destinée à recevoir le coin de mire, et à l'empêcher d'être chassé lors du tir. A cet effet, le taquet de derrière est encastré dans la semelle, et il est plus élevé que celui de devant, dont il diffère aussi par la forme. L'addition de ces deux taquets sur la semelle de l'affût de caronade avait été récemment proposée, mais elle n'a point été approuvée : le ministre n'a autorisé à placer que celui de derrière seulement, conformément à un projet du lieutenant de vaisseau Dupouy.

PARTIES EN FER.

1 boulon-tourillon et sa clavette...........	Il sert de tourillon aux caronades; à cet effet, il traverse leur suport ainsi que les crapaudines de l'affût. *Sa tête* est arrondie, *sa tige* est cylindrique; le bout de celle-ci est percé *d'un trou* pour recevoir *une clavette.*
2 crapaudines........	Supports en fonte de fer fixés sur la semelle de l'affût pour supporter la caronade au moyen du boulon-tourillon. Outre les trous cylindriques des crapaudines par lesquels passe le boulon-tourillon, elles sont percées, chacune, de deux trous ronds de plus petit diamètre, pour le passage des boulons qui servent à les fixer sur la semelle où elles sont encastrées.

1 pivot : 1 écrou…… 1 rondelle… 1 clavette….	Ce pivot, dans lequel on distingue trois parties, traverse la semelle, à laquelle il est fixé au moyen d'un écrou et de deux plaques, celle de ses parties qui entre dans la semelle, est en forme de pyramide quadrangulaire tronquée, et celle qui déborde cette semelle en dessus est cylindrique et filetée pour recevoir l'écrou ; l'autre partie, destinée à se mouvoir dans la coulisse du châssis, est cylindrique et fait épaulement sous la semelle. L'extrémité de cette partie du pivot qui dépasse le dessous du châssis est percée d'un trou rectangulaire, pour le placement d'une clavette destinée à retenir une rondelle qui s'appuie sur la coulisse du châssis. Cette ferrure sert à maintenir la semelle sur le châssis, en lui permettant de tourner et de glisser sur cette partie de l'affût, pour le pointage et au recul.
2 plaques de pivot…..	Elles sont encastrées en dessus et en dessous de la semelle, et toutes deux percées dans leur milieu : celle de dessous, d'un trou carré pour recevoir la partie du pivot qui a cette forme ; celle de dessus, d'un trou rond pour le passage du bout fileté de la même ferrure. Ces plaques tiennent lieu de rondelles sous l'écrou et sous l'épaulement du pivot.
1 plaque de levier de pointage et à rivets.	Cette plaque, placée sur le milieu du derrière de la semelle, est recourbée en dessus et en dessous de cette semelle, où elle est encastrée de toute son épaisseur. Elle est fixée par quatre clous-rivets dont les têtes sont en dessous, et elle est percée d'un trou carré, correspondant à celui du milieu de l'épaisseur de la semelle, pour recevoir le levier de pointage. Sa partie supérieure se prolonge sur le dessus de cette semelle pour servir d'appui à la vis de pointage.

2 boulons d'assemblage et 2 contre-rivures.	Ces boulons traversent la semelle dans le milieu de son épaisseur, l'un sous l'emplacement des crapaudines, et l'autre en avant de la plaque du levier de pointage. Leurs têtes carrées sont encastrées de toute leur épaisseur, ainsi que leurs contre-rivures. Ces boulons ont pour objet de consolider la semelle.
2 plaques de boulons de crapaudines.......	Ces plaques sont encastrées de toute leur épaisseur dans le dessus de la semelle, et elles servent d'appui aux têtes fraisées des boulons de crapaudine.
4 boulons de crapaudines et leurs 4 écrous.	Ces boulons, dont les têtes fraisées sont encastrées dans leurs plaques, traversent la semelle dans son épaisseur, ainsi que les crapaudines, qu'ils servent à fixer sur cette partie au moyen de leurs écrous.
2 plaques de devant de châssis, et 4 rivets..	Ces plaques, placées en dessus et en dessous du devant arrondi du châssis, y sont fixées par quatre clous-rivets. Un trou rond est percé au milieu de chacune d'elles pour le passage de la cheville ouvrière : elles servent, en outre, à consolider le devant des châssis.
1 cheville ouvrière....	Cette cheville a une tête fraisée, qui est encastrée dans l'épaisseur de la plaque de dessus; elle traverse cette plaque ainsi qu'un piton fixé dans la muraille du bâtiment et la plaque de dessous. Elle sert de pivot au châssis pour faciliter le pointage latéral en même temps qu'elle maintient l'affût contre le bord.
1 briquet, 8 clous rivets	Cette ferrure, dont le nom indique la forme, est encastrée de toute son épaisseur dans le dessous du châssis, auquel elle est fixée par *huit clous-rivets;* elle sert à garnir le pourtour de la coulisse du châssis, et d'appui à la rondelle du pivot de la semelle.

1 plaque de levier de pointage et 4 clous rivets............	Comme celle de la semelle.
2 boulons d'assemblage et 2 contre-rivures.	Comme ceux de la semelle, celui de devant traverse le châssis dans le milieu de son épaisseur à hauteur du devant du support, et celui du derrière au-dessus du milieu du support de cette partie.
4 boulons de supports et 4 contre-rivures..	Ces boulons traversent le châssis et les supports qu'ils servent à assembler. Leurs têtes sont carrées et fraisées, pour être encastrées de leur épaisseur dans la partie supérieure du châssis. Leurs autres extrémités sont rivées sur des contre-rivures encastrées en dessous des supports. Chaque support est maintenu par deux de ces boulons.

GRÉMENT DE LA CARONADE.

1 brague fixe et 2 cosses...............	Gros cordage, comme celui de la brague des canons ; il est garni de cosses à ses deux extrémités, par lesquelles il est fixé au bord au moyen de pitons à fourches qui traversent la muraille du bâtiment ou de crampes avec manilles. Cette brague, plus courte que celle des canons, passe comme elle dans l'anneau formé par les crocs de bragues et leur bride : elle sert à annuler, autant que possible, les effets du recul de la caronade.
Grément du sabord....	Ce grément est composé, comme celui du canon, de *deux rabans*, d'*une itague* et d'*un palanquin*, lorsque la caronade est dans une batterie couverte.

ARMEMENT DE LA CARONADE.

1 vis de pointage	Cette vis, en fer forgé, est placée dans le bouton de culasse, où elle se meut dans un écrou en cuivre. On distingue dans la vis de pointage trois parties : La *tige* filetée à filets carrés ; La *tête* arrondie en forme de calotte ; Et la *manivelle*, qui traverse la partie non filetée de la tige perpendiculairement à son axe. La tête de cette vis porte sur le prolongement de la plaque du levier de pointage de la semelle.
1 écrou de vis de pointage : 1 virole.. .. 3 vis	Cet écrou est un cylindre en cuivre, fixé dans le trou de même forme pratiqué dans le bouton de culasse. Il est taraudé intérieurement sur une longueur de 5 à 8 centimètres pour recevoir la vis de pointage. Sa surface extérieure est débordée, à l'extrémité taraudée de l'écrou, par une *tête* de 3 centimètres environ, sous laquelle sont deux *tenons* diamétralement opposés et destinés à entrer dans des entailles faites en dessous du bouton de culasse. Ces tenons ont pour but d'empêcher l'écrou de tourner avec la vis ; la tête de cet écrou appuie contre le dessous du bouton, et son autre extrémité cylindrique, qui est percée de trois trous taraudés, déborde son dessus d'une hauteur égale à celle de sa *virole*. Cette *virole*, qui est en fer, sert à fixer l'écrou auquel elle est adaptée au moyen de trois vis également espacées, et elle est percée de trois trous correspondant à ceux de l'écrou, pour le passage de trois vis dont les têtes fraisées sont encastrées dans son épaisseur. Elle est aussi percée de deux autres trous taraudés

1 écrou de vis de pointage : (Suite).	1 virole..... 3 vis........	pour les vis qui fixent le couvre-vis. La - role et ses vis sont supprimées dans les écrous récemment adoptés. Leur partie cylindrique, qui dépasse le dessus du bouton, est filetée extérieurement pour recevoir le couvre-vis dont la grande base est taraudée intérieurement.
1 couvre-vis..........		Chapiteau en forme de cône tronqué, en tôle ou en cuivre, placé sur l'écrou de la vis de pointage pour empêcher l'eau de s'y introduire. Il a la hauteur convenable pour ne pas arrêter la vis dans ses mouvements, et il est fixé à la virole de l'écrou au moyen de deux vis placées aux extrémités du diamètre de sa grande base, ou par le moyen qui vient d'être indiqué.
1 levier de pointage...		Ce levier coudé est en fer forgé ; son extrémité destinée à entrer dans les plaques de la semelle et des châssis est équarrie ; sa partie suivante est à huit pans, et il devient cylindrique à son autre extrémité, terminée par un bouton : le coude est à la jonction de ses parties carrées et cylindriques.

Nota. La nomenclature des autres objets d'armement de la caronade est la même que celle de ceux du canon, qui sont tous communs au service de ces bouches à feu. Toutefois il ne faut qu'un anspect par caronade et une pince pour quatre de ces pièces.

CANON-OBUSIER DE 22 c/m.

La bouche,

L'âme.......... { L'évasement de la bouche,
Le raccordement de l'âme avec la chambre,
La chambre, dont le fond est arrondi comme celui de l'âme des canons, }

La tranche,
La plate-bande de la bouche,
La gorge de volée,

La masse de mire de la bouche.	Partie saillante de métal, placée sur la plat-bande de la bouche, sur la gorge de volée et sur la volée. Ces parties se raccordent ensemble par des surfaces courbes. Une entaille ou cran de mire est pratiquée sur le dessus de cette masse de mire pour le pointage.

La volée,
La gorge du renfort,
Le support de fronteau de mire,
Le renfort,
Les embases,
Les tourillons,
Le support du percuteur,
Champ ou canal de lumière,
La lumière,
La culasse,
Le chanfrein de la plate-bande de culasse,
La plate-bande de culasse,

La masse de mire de culasse.	Partie saillante sur la plate-bande de culasse, raccordée à cette plate-bande pour des surfaces cylindriques. Une entaille ou cran de mire est pratiquée dans cette masse de mire comme dans celle de la bouche.

Le cul de lampe,
Le collet de bouton de culasse,
Les crocs de bragues,
Le bouton de culasse.

Nota. Les parties de cette pièce désignées ci-dessus, et dont la description n'est pas donnée, sont semblables à celles de même nom des canons et des caronades.

AFFUTS DE CANON-OBUSIER DE 22 c/m

Trois espèces d'affûts sont encore en usage pour le service de cette bouche à feu, à bord des bâtiments de la flotte.

Le premier de ces affûts est semblable à celui déjà décrit pour les canons ordinaires.

Le second, qui a été proposé par la direction de l'artillerie du port de Cherbourg, est désigné sous la dénomination d'*affût marin modifié :* il diffère de l'affût marin ordinaire en ce que l'essieu et les roues de derrière y sont supprimés et remplacés par des *crosses* assemblées avec les flasques au moyen des boulons et des pitons des adents. Ces crosses portent sur le pont pour modérer les effets du recul. La longueur de l'entretoise est augmentée de manière à effleurer l'extrémité de la queue des flasques. Une *lunette* à fourche, en fer, est fixée au milieu du derrière de cette entretoise au moyen de *trois clous-rivets :* elle sert à recevoir le bec d'un levier de pointage courbé qui porte deux roulettes. Lorsque son bec est engagé dans la lunette, et que l'on abat ce levier, l'affût porte sur ses deux roues de devant et sur les roulettes du levier, ce qui permet de le manœuvrer. Le levier à roulette se compose d'un levier en bois, qui a la forme d'un anspect et qui est armé à son gros bout d'un *bec* en fer à douille. On distingue, dans ce bec, le *petit bout* destiné à entrer dans la lunette, et la *douille*, dans laquelle est fixé le levier en bois au moyen de *trois clous-rivets* et du carré de *l'essieu* en fer *des roulettes* qui les traverse au coude du levier. Les roulettes, qui sont en bois, ont des boites en métal. Elles sont arrêtées sur leurs essieux par *des clavettes* qui passent dans les bouts des fusées.

Le troisième affût en usage pour cette pièce a été proposé par la direction de l'artillerie du port de Rochefort ; il est dit *affût à semelle.* Son système diffère de celui du second en ce que les roues de devant ne portent sur le pont que lorsque l'on a fait un abattage avec son levier à roulette, après avoir engagé son bec à la tige mobile logée dans la semelle. Sa nomenclature est celle dont le détail suit :

PARTIES EN BOIS.

2 flasques,	
1 croissant en deux parties,	
1 entretoise,	
2 échantignolles. . . .	Placées sous les flasques pour exhausser la tête de l'affût et pour maintenir l'essieu dans son encastrement.
1 semelle.	Composée de deux pièces et placée sous le derrière de l'affût pour maintenir l'écartement des flasques : elle sert aussi de logement à la tige mobile et elle reçoit le coussin.

2 roues.	Ces roues en bois ont des boîtes en cuivre et sont consolidées avec des cercles en fer assemblés avec elles au moyen des clous-rivets.

PARTIES EN FER.

2 boulons d'assemblage, leurs rosettes et leurs écrous.
2 charnières de croissant.
2 clous-rivets de tête de flasque.
2 sus-bandes et leurs clavettes, pitons et chaînettes.
2 chevilles à mentonnets, leurs écrous carrés, leurs rosettes et leurs rondelles.
2 chevilles à tête plate, *idem.*
2 chevilles à tête ronde, *idem.*
2 chevilles à tête carrée, leurs écrous ronds et leurs rondelles.
2 pitons de manœuvre, *idem.*
2 anneaux de brague, leurs pitons et leurs contre-rivures.
2 pitons carrés de manœuvre avec leurs plaques d'appui et leurs quatre écrous.

1 essieu et 2 clavettes..	On distingue, dans cet essieu, le corps carré, *l'épaulement et les fusées*, percées à leur petit bout de deux trous pour le passage des clavettes qui servent à maintenir les roues.
2 boulons à crochets et leurs contre-rivures.	Ces boulons, qui traversent la semelle, servent pour crocher la croupière du palan de retraite.

1 tige mobile, pour recevoir le bec du levier logé dans la semelle.
1 plaque de la tige mobile.
1 contre-plaque d'*idem.*
2 boulons de plaque et contre-plaque.

1 clavette avec sa chaînette et son piton..	placée sur le dessus de la semelle, pour arrêt de la tige mobile.

4 vis à bois.
2 bandelettes.

2 cercles de roues et leurs 8 clous rivets..	pour empêcher le bois des roues de se fendre ; ils sont encastrés dans ce bois du côté opposé aux flasques.

2 boîtes en cuivre avec leurs huit croisillons	Ces boîtes sont encastrées dans les roues du côté des flasques et percées de huit trous pour les rivets de cercles de roues.

GRÉMENT.

Le grément de cette bouche à feu est le même que celui des canons, suivant les batteries où elle se trouve placée sur les vaisseaux ou sur les frégates; toutefois, il faut y ajouter, pour l'affût à semelle :

1 croupière	Cette croupière que l'on croche aux boulons à crochets de la semelle sert pour manœuvrer la pièce avec le palan de retraite.

ARMEMENT.

L'armement du canon-obusier de 22 c/m se compose des mêmes objets que celui du canon et de la caronade, si ce n'est qu'il y entre deux refouloirs au lieu d'un, savoir :

1 levier à roulette.....	Ce levier est d'une forme semblable à celle du levier décrit pour le second affût; mais il est en fer et il n'a qu'une seule roulette en bois avec boîte en cuivre. Cette roulette est placée dans un encastrement pratiqué à la partie coudée du levier; elle y est traversée par une vis dont la tête fraisée est encastrée dans l'épaisseur d'un des côtés du levier; l'autre côté étant taraudé, cette vis sert d'essieu à la roulette.
1 refouloir à gargousse	semblable à celui décrit pour les canons et caronades, mais d'un diamètre plus petit que celui de la chambre.
1 refouloir à obus.....	Dont la tête est creuse pour faciliter l'introduction de l'obus.

Les obus de 22 c/m..... Les projectiles de cette bouche à feu sont ensabotés, chargés et garnis de leur fusée; chacun d'eux est déposé dans une boîte qui lui est spéciale. Le règlement accorde 35 obus ainsi disposés par bouche à feu affectée à ce tir pour combat; et 15 obus chargés de sable, par pièce, pour les exercices seulement.

Les paquets de mitraille. Ces paquets de mitraille, dits à grosses balles, sont composés de boulets de 4. On en délivre 20 par pièce.

CANON-OBUSIER DE 30 (16 c/m).

Nota. On a conservé à cette bouche à feu la dénomination de canon-obusier de 30, contrairement à la règle établie pour les obusiers, qui ne sont désignés que par le diamètre de leur projectile, parce que, d'après le règlement d'armement, cette pièce est destinée à tirer plus de boulets que d'obus.

NOMENCLATURE.

La bouche.

L'âme ....
- L'évasement de la bouche.
- Le raccordement de l'âme avec la chambre.
- La chambre, dont les angles du fond sont arrondis par un arc de cercle égal au quart du diamètre de la chambre qui est terminée par un plan.

La tranche.
La plate-bande de volée.
La gorge de la plate-bande.
La masse de mire de la bouche, comme celle de l'obusier de 22 c/m.
La volée.
La gorge de renfort.
Le support de fronteau de mire.
Le renfort.
Les embases.
Les tourillons.

Le cône de raccordement extérieur.

La culasse, qui comprend son tronc de cône et son tore.

Le support de platine placé sur la culasse.

La masse de mire de culasse. Elle est placée sur la culasse, et elle est semblable à celle des caronades.

La masse de culasse.... { Portion saillante de métal placée sur cette partie, en dessous de la masse de mire. Cette partie sert d'appui à la pièce.

Le listel du bouton de culasse.

La gorge du bouton de culasse.

Les crocs de brague... { Placés sur la culasse, sur le listel et sur la gorge du bouton.

Le bouton de culasse.

Nota. Les parties de cette bouche à feu désignées ci-dessus, et dont l'explication n'est pas donnée, sont semblables à celles de même dénomination décrites pour les canons, les caronades, et dans l'obusier de 22 c/m.

AFFUTS DE CANON-OBUSIER DE 30 (16 c/m).

Trois espèces d'affûts sont encore actuellement en usage pour le service de cette bouche à feu à bord des bâtiments de la flotte.

Le premier est semblable à celui déjà décrit pour les canons.

Le second est celui qui a été essayé à bord de la frégate *la Dryade;* il est désigné sous la dénomination d'affût à crosse. Cet affût a été proposé, en 1836, par le colonel d'artillerie de la marine *Romme*.

Sa nomenclature est celle dont le détail suit :

PARTIES EN BOIS.

2 flasques,
1 croissant,
1 essieu,
2 roulettes,
1 crosse.

PARTIES EN FER.

3 boulons d'assemblage, leurs rosettes et leurs écrous.
2 sus-bandes, leurs pitons, leurs chaînettes et leurs clavettes.
2 chevilles à mentonnets, leurs rosettes et leurs écrous.
2 chevilles à tête plate, leurs rosettes, leurs rondelles et leurs écrous.
2 pitons de manœuvre, dont l'un est taraudé et vissé sur la tige de l'autre.
2 fourches pour la brague et leurs contre-rivures.
2 esses et 2 clavettes.
2 viroles de bout de fusée d'essieu.
2 équignons.

1 anneau carré pour levier-directeur.......	Cet anneau est fixé sur le derrière de la crosse au moyen de la tige des pitons de manœuvre, qui traverse ses deux oreilles encastrées dans le bois du bout de la crosse.
1 piton de retraite.....	Il est fixé à l'extrémité de la crosse au moyen de la tige des pitons de manœuvre, qui traverse le trou de son bout encastré. Il est placé entre les oreilles de l'anneau carré du levier-directeur.
1 bride de pointage...	On distingue dans cette bride qui sert à régler le mouvement de la vis de pointage, la fourche dans laquelle passe la tête de cette vis, sa tige et le piton qui la termine.
1 boulon à charnière, sa rosette et son écrou.	Ce boulon qui traverse la crosse sert à fixer la bride de pointage.
1 boulon à écrou......	Ce boulon traverse le boulon à charnière et le piton de la bride à laquelle il sert d'axe.

1 virole pour la vis de pointage fixée à la bride.
2 crapaudines pour écrous de vis de pointage.
4 boulons de crapaudine à têtes carrées, avec rosettes et écrous.

Une vis de pointage et sa manivelle..........	On distingue, dans cette vis, *la tige* à filets carrés; *la tête* divisée en deux parties, dont l'une cylindrique est garnie de deux tourillons diamétralement opposés qui entrent dans les trous ronds des extrémités de la fourche de la bride de vis; et l'autre carrée est destinée à recevoir la manivelle à quatre branches qui sert à faire mouvoir la vis de pointage.

Un écrou en cuivre à tourillons..........	Cet écrou a deux tourillons qui permettent que la vis de pointage qui le traverse soit guidée par la bride, de manière à ce que l'axe de cette vis soit toujours normal à la surface de la partie de la culasse qu'elle supporte.

Le troisième affût en usage pour le canon-obusier de 30 est l'affût marin modifié.

La nomenclature de ses parties est la même que celle de cet affût pour le canon, sauf les modifications détaillées ci-après :

L'essieu et les roulettes de derrière sont supprimés et remplacés par des échantignolles placées dessous les deux bouts des flasques avec lesquels elles sont assemblées, au moyen des boulons à têtes carrées des adents, et des pitons de manœuvre. Elles sont aussi consolidées par l'entretoise, traversée comme elles par deux boulons d'assemblage.

GRÉMENT.

Le grément de cette espèce de bouche à feu est composé des mêmes objets que celui des canons-obusiers de 22 centimètres.

ARMEMENT.

L'armement du canon-obusier de 30 se compose des mêmes objets que celui du canon-obusier de 22 centimètres, si ce n'est que le levier directeur du canon obusier de 30 n'est pas coudé et qu'il n'a pas de roulette.

Les projectiles nécessaires à l'armement de cette bouche à feu sont :

Les boulets pleins de 30.	On délivre 35 de ces boulets par obusier des bâtiments de tous rangs.
Les obus de 16 centim..	On délivre 35 obus chargés, ensabotés et encaissés, pour combat, et 15 chargés de sable pour exercice, par pièce affectée au tir de ces projectiles ; mais on ne donne que 5 obus pour combat seulement par obusier des gaillards des vaisseaux et frégates.
Les paquets de mitraille	On donne par obusier des bâtiments de tous rangs : 15 mitrailles à grosses balles, et 5 *idem* à petites balles.

PIERRIER DE 1 EN BRONZE.

NOMENCLATURE.

La bouche,
L'âme,
La tranche,
La gorge de la bouche,
La tulipe. . . . . | Son bourrelet et son cran de mire, son bollet.
La plate-bande de volée,
La volée,
La gorge de renfort,
Le renfort,
Les embases,
Les tourillons,
Le grain de lumière en cuivre rouge,
Le grain en acier . . . . { Trempé et vissé dans celui en cuivre rouge : la lumière est percée dans le grain d'acier;
La gorge de la plate-bande de culasse,
Le listel d'*idem*,
La plate-bande de culasse,
Le cul-de-lampe,
Le collet du bouton de culasse,
Le bouton de culasse.

AFFUTS DE PIERRIER DE 1.

Deux espèces d'affûts sont en usage pour cette pièce; *le premier*, désigné sous le nom de chandelier de pierrier, se compose :

D'une *tige* en fer, surmontée de *deux branches* également en fer, terminées par deux *étriers* servant d'encastrement aux tourillons, et dans lesquels ils sont maintenus par *deux boulons* percés, à leur petit bout, de trous, pour recevoir *deux clavettes* qui fixent le pierrier au chandelier :

D'une sole en fer, s'appuyant entre les deux branches et ayant au milieu, suivant une partie de sa longueur, une rainure dans laquelle entre le T du coin de mire qui peut glisser dans cette rainure pour pointer la pièce.

Ce chandelier est placé à bord des bâtiments et dans les embarcations, sur un montant en bois dont le bout est percé d'un trou du diamètre de tige, garni d'une virole et d'une rondelle en fer pour le consolider.

La seconde espèce d'affût employée pour ces pièces est désignée sous la dénomination d'affût à coulisse ; elle est plus particulièrement destinée aux embarcations.

Sa nomenclature est celle dont le détail suit :

PARTIES EN BOIS.

2 flasques,
1 entretoise,
3 semelles assemblées à queue d'aronde,
1 banquette,
1 coussin de banquette,
1 châssis à coulisse en deux parties,
2 tringles sur les côtés du châssis à coulisse,
2 supports de devant et de derrière du châssis à coulisse,
1 coin de mire,

PARTIES EN FER.

1 boulon d'assemblage, sa rosette et son écrou	Ce boulon traverse l'entretoise et les flasques.
1 boulon et sa contre-rivure.	Ce boulon traverse les flasques pour supporter la banquette.
2 chevilles à têtes plates et leurs rondelles. . .	Ces chevilles sont en pointes, comme un clou, et sans écrou.
2 sus-bandes à charnières	Dont la semelle à équerre garnit le bout de la tête d'affût, où elle est fixée par *cinq* clous d'applicage à têtes fraisées.
2 chaînettes avec leurs pitons et leurs clavettes	Les pitons de ces chaînettes sont placés dans les côtés extérieurs des flasques en dessous des chevilles à têtes plates ; elles servent à fixer les sus-bandes.
2 crochets de banquette à pattes	Servant de contre-rivures aux *deux* rivets qui les fixent à la banquette.
1 pivot, ses plaques et contre-plaques et son écrou	Ce pivot, placé sous la semelle de l'affût, est percé, à l'extrémité de la partie cylindrique qui déborde le briquet de la coulisse du châssis, d'un trou carré pour le passage de la clavette.

1 clavette et sa rondelle	Pour le pivot et le frottement contre le briquet du châssis.
1 boulon d'assemblage et sa contre-rivure . .	Pour le devant du châssis.
1 boulon d'assemblage et son écrou.	Pour le derrière du châssis.
2 plaques à anneaux. .	Servant de rondelles et de rosettes au boulon d'assemblage du derrière du châssis, où elles sont fixées, en outre, par quatre clous d'applicage.
1 briquet.	Fixé sous la coulisse du chassis par *dix* clous d'applicage à tête et fraisées et encastrées de leur épaisseur dans le fer. Cette ferrure a pour but de servir d'appui à la rondelle du pivot.

2 rivets de support de devant à têtes rondes, et leurs *deux* contre-rivures.

2 rivets de support de derrière à têtes carrées, et leurs *deux* contre-rivures.

1 cheville ouvrière à plaque.	Fixée sur le devant du châssis au moyen de deux rivets.
1 piton de cheville ouvrière avec sa rondelle, sa clavette et son écrou rond.	Ce piton est fixé dans le bordage du bâtiment ou de l'embarcation.
1 plaque de levier de pointage	Fixée derrière le châssis par *quatre* rivets, et percée d'un trou pour le passage de la clavette du levier.
1 chaînette avec clavette et piton.	Pour le levier de pointage.
2 bandes de dessous de flasques	Ces bandes ont des entailles pour les queues d'aronde du fond de l'affût.
1 circulaire.	Sous le support de derrière, pour servir au pointage latéral de la pièce.
2 crocs portant anneaux avec écrous fixés au bâtiment.	Pour servir à l'installation et à la manœuvre de l'affût.

1 levier de pointage. .	Ce levier est coudé et terminé par un carré percé d'un trou rond ; ce carré est destiné à entrer dans la plaque du levier de pointage.

ARMEMENT.

1 tape,
1 platine à percussion ou un percuteur,
1 couvre-platine ou couvre-percuteur,
1 couvre-lumière,
1 écouvillon-refouloir, sur la même hampe,
1 fourreau ou enveloppe en toile peinte pour couvrir le pierrier,
1 boîte à étoupilles,
1 doigtier,
1 corne d'amorce pour *trois* pierriers,
1 cuiller avec tire-bourre, sur la même hampe, pour *deux* pierriers,
40 boulets par pierrier,
10 paquets de mitraille, ou boîtes à balles de } 500 grammes par pierrier.
1 valet erseau par boulet,
1 valet cylindrique par boîte à balles.

ESPINGOLE DE 1 EN BRONZE.

La bouche,
L'âme,
Le raccordement de l'âme avec la chambre,
La chambre, terminée comme l'âme du canon,
La tranche,
La gorge de la tranche,
Le premier listel du bourrelet,
Le bourrelet,
Le deuxième listel du bourrelet,
La gorge de la volée,
La volée,
La gorge du renfort,
Le renfort,
Les embases,
Les tourillons.
Le tronc de cône de raccordement,
La culasse,
Le support de platine,

Oreilles de devant et de derrière.	Placées sur la culasse pour maintenir la platine : elles sont percées chacune d'un trou rond pour le passage des boulons de platine.
La cheminée en acier. .	Vissée dans la culasse; la lumière y est percée ; sa *tige* est filetée dans toute sa longueur. Sa *tête* cylindrique est surmontée d'une partie *carrée* qui, elle-même, est surmontée d'un tronc de cône destiné à recevoir la capsule.
La queue de culasse.	

AFFUT D'ESPINGOLE DE 1.

Cette petite bouche à feu est toujours montée sur un chandelier à peu près semblable à celui décrit pour le pierrier; il en diffère cependant en ce qu'il n'a pas d'étriers, et que ce sont des trous percés dans les branches mêmes qui en tiennent lieu. En outre, la tige est coupée suivant deux plans, l'un passant par l'axe et s'arrêtant à 34 millimètres du bout; l'autre, perpendiculaire à celui-ci et coupant seulement une des deux portions de la tige. De sorte que le chandelier se compose de deux parties distinctes comprenant chacune une branche et une portion de la tige. La portion la plus courte de la tige se termine par un tenon qui entre dans un trou correspondant de cette tige ; celle-ci aussi porte un tenon, mais près du collet et perpendiculairement à l'axe de la tige. Quand on a introduit les tourillons dans les trous des branches, on rapproche les deux portions de la tige, et on les serre au moyen d'un écrou qui vient se visser au dessous de la jonction des deux branches. De cette manière, le système fait corps comme s'il n'était que d'une pièce.

ARMEMENT.

L'armement de l'espingole est semblable à celui du pierrier.

OBUSIER DE MONTAGNE DE 12 c/m.

EMPLOYÉ A BORD DES CHALOUPES ET AUTRES EMBARCATIONS.

La bouche,
L'âme,
Le raccordement de l'âme avec la chambre,

La chambre cylindrique.
La tranche,
La plate-bande de la bouche,
La gorge de renfort; le renfort s'étend jusqu'à la gorge de la plate-bande de la bouche,
Les embases,
Les tourillons,
La gorge du tonnerre vers le renfort,
Le tonnerre cylindrique,
La lumière,
La gorge du tonnerre sur la plate-bande de culasse.
La plate-bande de culasse,
Le bouton de culasse.

AFFUT D'OBUSIER DE 12 c/m.

INSTALLÉ SUR UNE CHALOUPE ARMÉE EN CUTTER.

PARTIES EN BOIS.

2 flasques,
1 entretoise,
1 semelle.
1 coussin,
1 coin de mire,
1 châssis à coulisse au milieu,
1 coulisse ou tringle sur les côtés du châssis pour maintenir l'affût,
1 circulaire fixée sur les trois bancs de l'avant de l'embarcation,
1 support de châssis d'affût placé au milieu de son dessous.

PARTIES EN FER.

3 boulons d'assemblage avec leurs rondelles, leurs rosettes et leurs écrous............. } L'un traversant l'entretoise et les flasques, et les deux autres la semelle et le bas du flasque pour assembler toutes les pièces.
2 chevilles à mentonnets avec leurs rondelles et leurs écrous ronds.
2 chevilles à tête plate avec leurs rondelles et leurs écrous *idem*.
2 sous-bandes, percées chacune de deux trous } Pour le passage des chevilles.
2 sous-bandes avec leurs clavettes, chaînettes et leurs pitons.

1 boulon à œillets.....	Ce boulon est en deux parties, dont une à tige filetée au bout, et l'autre à écrou; il traverse le derrière de la semelle, et les œillets servent pour la manœuvrer.
2 fourches de bragues.	Placées sur les côtés extérieurs des flasques.
1 pivot d'affut, son écrou sa rosette, sa rondelle et sa clavette.	Ce pivot est fixé en dessous de la semelle; la tige cylindrique passe dans la coulisse du châssis; elle est percée d'un trou de clavette à l'extrémité qui déborde le dessous de la coulisse.
2 boulons à œillets et à manilles............	Ces boulons, fixés sur chacun des côtés du devant du châssis, sont destinés à arrêter la brague.
2 plaques à anneaux...	Fixées sur chacun des côtés du derrière du châssis, par quatre clous d'applicage chacun et par :
1 boulon	Ce boulon est à tête carrée, fraisée et encastrée dans une de ces plaques, l'autre lui servant de contre-rivure. Ces anneaux servent à faire tourner le châssis sur son pivot.
8 rivets et leurs contre-rivures	Pour assembler les coulisseaux avec leur châssis.
1 briquet............	Fixé sur la coulisse du milieu du châssis par huit clous-rivets.
1 pivot de châssis et ses plaques............	Ce pivot se compose d'une *tige* cylindrique percée d'un trou de clavette, d'une partie *carrée* qui traverse le milieu du support du châssis et de ses deux plaques, sur l'une desquelles il est rivé, et l'autre servant d'appui à son *épaulement*. Lorsque le châssis est en place, la tige du pivot traverse le banc de la chaloupe dans un *dé en cuivre* adapté à ce banc, au moyen de deux vis à bois. Le trou de clavette du pivot déborde la tête ou rebord de la boîte, en dessous du banc de la chaloupe.

1 circulaire en fer plat.	Fixée sur celle en bois par seize vis à bois, et sur les bancs de la chaloupe.
4 boulons à goupilles..	Qui servent à assembler les deux circulaires en bois et en fer avec ces bancs. Ces boulons, à tête carrée et fraisée, sont encastrées de leur épaisseur dans le fer de la circulaire, qu'ils traversent par quatre trous pratiqués dans les oreilles de cette pièce ; ils sont diamétralement opposées. Deux entailles sont aussi faites dans la circulaire en fer aux extrémités d'un de ses diamètres pour le passage des arêtoires des châssis.
2 arêtoirs............	Un du devant, et l'autre du derrière du châssis, auquel ils sont fixés chacun par deux rivets. Ils sont disposés de manière à prendre deux centimètres en dessous de la circulaire en fer, aux entailles de laquelle il faut les faire correspondre en mettant le châssis en place sur cette circulaire.
4 rivets..............	Pour chaque support de châssis.

Pour installer cet obusier à bord des autres embarcations, on emploie l'affût qui vient d'être décrit, et un châssis qui diffère de celui employé pour les chaloupes armées en *cutter*, en ce que l'on y a supprimé :

Le support du milieu du châssis,
Son pivot avec ses plaques,
La boîte en cuivre du banc de la chaloupe,
Les circulaires en bois et en fer.

Ces parties sont alors remplacées par celles ci-après détaillées :

2 plaques cintrées.....	Semblables à celles des châssis d'affût de caronade fixées en dessus et en dessous de la tête arrondie du châssis par quatre rivets. Elles sont percées à leur milieu de trous ronds pour le passage *d'un pivot* qui les traverse, ainsi qu'un *piton* fixé à l'embarcation. Cette installation permet de tourner le châssis sur le pivot pour le pointage.

GRÉMENT.

1 brague courante avec cosses,
2 palans de côté.

ARMEMENT.

1 percuteur avec ses boulons et écrous en fer et son cordon garni d'u cabillot.

1 boîte à étoupilles en fer blanc........... } Garnie de courroie en cuir avec boucles en fe

1 clef pour percuteur.

1 couvre-percuteur en plomb ou en étain.

1 dégorgeoir en fil de fer mince avec manche en bois.

1 doigtier en buffle,

1 écouvillon avec tire-bourre et refouloir... } Sur la même hampe; la tête du refouloir e creusée.

1 garde-feu en cuir, et son couvercle garni de lanière.

1 tape en bois.

5 caisses en bois pour cartouches à obus. } Ces caisses sont conformes
4 ...*idem*...*idem*...*idem*....à balles. } modèle de l'artillerie de ter

80 étoupilles fulminantes............	Par obusier.
32 cartouches à obus ensabotées, pour combat........................	
8 cartouches à obus ensabotées, pour exercice.........................	
20 cartouches à balles pour combat...	
60 valets erseaux..................	
100 grammes de vieux linge..........	

GRÉMENT.

1 brague courante avec cosses,
2 palans de côté.

ARMEMENT.

1 percuteur avec ses boulons et écrous en fer et son cordon garni d'un cabillot.
1 boîte à étoupilles en fer blanc........... } Garnie de courroie en cuir avec boucles en fer.
1 clef pour percuteur.
1 couvre-percuteur en plomb ou en étain.
1 dégorgeoir en fil de fer mince avec manche en bois.
1 doigtier en buffle,
1 écouvillon avec tire-bourre et refouloir... } Sur la même hampe; la tête du refouloir est creusée.
1 garde-feu en cuir, et son couvercle garni de lanière.
1 tape en bois.
5 caisses en bois pour cartouches à obus. } Ces caisses sont conformes au
4 ...*idem*...*idem*...*idem*....à balles. } modèle de l'artillerie de terre.

80 étoupilles fulminantes...........	Par obusier.
32 cartouches à obus ensabotées, pour combat........................	
8 cartouches à obus ensabotées, pour exercice.........................	
20 cartouches à balles pour combat...	
60 valets erseaux..................	
100 grammes de vieux linge.........	

Tableau *des dimensions principales et des poids des bouches d*
à bord des bâtim

a 164mm, *b* 215, *c* 125 — Ces dimensions ont été nouvellement adoptées pour la chambre et son raccordement dans les obusiers de 22c/m.

	BO					
	CANONS D					
	36	30		24		18
		LONG.	COURT.	LONG.	COURT.	LONG.
	Millim.	Millim.	Millim.	Millim.	Millim.	Millim.
Diamètre de l'âme	174.8	164.7	164.7	152.5	152.5	138.7
Diamètre de la chambre	»	»	»	»	»	»
Diamètre du boulet	169.2	159.6	159.6	147.4	147.4	134.2
Diamètre de l'obus	170.3	160 7	160.7	148.5	148.5	»
Vent, ou différence entre le diamètre de l'âme et celui... du boulet.	5.6	5.1	5.1	5.1	5.1	4.5
Vent, ou différence entre le diamètre de l'âme et celui... de l'obus..	4.5	4.0	4.0	4.0	4.0	»
Longueur totale de l'âme, prise du fond à la tranche de la pièce	2725.0	2829.0	2590.0	2587.0	2539.0	2436.0
Longueur totale du raccordement	»	»	»	»	»	»
Longueur de la chambre, dont le fond est une demi-sphère, pour les caronades seulement	»	»	»	»	»	»
Longueur totale de la pièce, le bouton et le cul-de-lampe compris	3274 0	3158.0	2919.0	3065.0	2844 0	2876.0
Diamètre de la plate bande de culasse	620.0	589.0	580.0	548.0	538.0	511.0
Diamètre du plus grand renflement du bourrelet	468.0	441.0	413.0	409.0	384.0	378.0
Distance du point le plus élevé du support à l'axe de la pièce	»	»	»	»	»	»
Distance du point le plus élevé de la masse de mire de volée à idem	»	»	»	»	»	»
Distance entre le derrière de la plate-bande de culasse et le plus grand renflement du bourrelet	2837.0	2747.0	2514.0	2685.0	2469.0	1906
Longueur de l'âme en calibres du projectile	16c1	16c5	15c4	17c6	16c5	18c1
Poids de la pièce en kilogrammes	3520k	3035k	2487k	2504k	2115k	2062k
Poids de la pièce en poids moyen du projectile	192	198	162	207	175	226
Poids moyen des boulets en kilogramm.	18k28	15.34	15.34	12.08	12.08	9.12
Poids moyen des obus en kilogrammes	11.83	10.00	10.00	7.85	7 85	»
Angle de mire	1°34'17	1°34'	1°57'	1°30'37	1°49'48	1°31'37

ıs principales et des poids des bouches
à bord des bâti

ont été nou- ;es pour la ıccordement de $22^{c/m}$.	BO					
	CANONS					
	36	30		24		1
		LONG.	COURT.	LONG.	COURT.	LONG.
	Millim.	Millim.	Millim.	Millim.	Millim.	Millim.
....	174.8	164.7	164.7	152.5	152.5	138.7
....	»	»	»	»	»	»
....	169.2	159.6	159.6	147.4	147.4	134.2
....	170.5	160 7	160.7	148.5	148.5	»
du boulet.	5.6	5.1	5.1	5.1	5.1	4.5
de l'obus..	4.5	4.0	4.0	4.0	4.0	»
du fond à e..........	2725.0	2829.0	2590.0	2587.0	2539.0	2436.0
t.....	»	»	»	»	»	»
le fond est ıur les ca-	»	»	»	»	»	»
outon et le s.........	3274 0	3158.0	2919.0	3065.0	2844 0	2876.0
culasse....	620.0	589.0	580.0	548.0	538.0	511.0
flement du	468.0	441.0	413.0	409.0	384.0	378.0
l'axe de la	»	»	»	»	»	»
de mire de ım........	»	»	»	»	»	»
late-bande grand ren-	2857.0	2747.0	2514.0	2685.0	2469.0	1906
ı projectile	16c1	16c5	15c4	17c6	16c5	18c1
nes.......	3520k	3035k	2487k	2504k	2115k	2062k
en du pro-	192	198	162	207	175	226
logramm.	18k28	15.34	15.34	12.08	12.08	9.12
;rammes..	11.85	10.00	10.00	7.85	7.85	»
....	1°34'17	1°34'	1°57'	1°30'37	1°49'48	1°31'37

…te de fer et en bron…
…flotte.

EN FONTE DE FER.

2 COURT.	8	36	30
Millim.	Millim.	Millim.	Millim.
120.7	106.0	172.6	163.
»	»	160.4	155.
117.3	102.6	169.2	159.
»	»	170.3	160.
3.4	3.4	3.4	3.
»	»	2.3	2.
2216.0	2475.0	1341.0	1340.
»	»	»	»
»	»	197.0	186.
2456.0	2811.0	1814.0	1687.
435.0	395.0	»	»
311.0	291.0	350.0	331.
»	»	256.0	24
»	»	»	»
2156.0	2546.0	1249.0	1248.
18c8	20c4	7c9	8c
1174K	1166K	1146K	1011
192	285	65	7
6.69	4.08	18.28	15.3
»	-	11.83	10.0
1°41'	1°11'11	5°40'	5°10

TABLEAU *de…*
ches à feu…
zontale).

BOUCH…
Canon …
Canon-obusier.
Caronade.
Pierrier. …
Espingole ..

te de fer et en bronze, et des projectiles en usage dans la marine,
flotte.

EN FONTE DE FER.									BOUCHES A FEU EN BRONZE		
		CARONNADE DE					CANON-OBUSIER de				
2 COURT.	8	36	30	24	18	12	22 centim.	30 ou 16 centim.	OBUSIER DE 12cm.	PIERRIER DE 1.	ESPINGOLE DE 1.
Millim.	Millim.	Millim.	Millim.	Millim.	Millim.	Millim	Millim.	Millim.	Millim.	Millim.	Millim.
120.7	106.0	172.6	163.0	150.8	137.6	120 7	223.3	163.0	120.5	53 0	53.0
»	»	160.4	155.3	140.1	127.8	111.7	150.6 (a164.0)	135.5	83.0	»	29.0
117.3	102.6	169.2	159.6	147.4	134.2	117.5	»	159.6	»	50.8	50.8
»	»	170.5	160.7	148 5	»	[illegible]	221.1	160.7	119.0	»	»
3.4	3.4	3.4	3.4	3.4	3.4	3.4	»	3 4	»	3.2	3.2
»	»	2.3	2.3	2.3	»	1.7	2.2	2.3	1.5	»	»
2216.0	2475.0	1341.0	1340.0	1149.0	1049.0	895.0	2342.0	2075.0	810.0	874.0	634.0
»	»	»	»	»	»	»	113.0 (b215.0)	81.0	»	»	44.0
»	»	197.0	186.0	175.0	160.0	147.0	226.0 (c125.0)	206.0	70.0	»	64.0
2456.0	2811.0	1814.0	1687.0	1571.0	1436.0	1245.0	2840 0	2427.0	970 0	1022 0	940.0
435.0	395.0	»	»	»	»	»	»	»	190 0	162.0	»
311.0	291.0	350.0	331.0	306.0	279.0	245.0	»	»	175.0	128.0	79.0
»	»	256.0	246	226	206	179	345	241	»	»	60.5
»	»	»	»	»	»	»	282.0	197	»	»	»
2156.0	2546.0	1249.0	1248.0	1083.0	990.0	857.0	2463.0	2156.0	860.0	894.0	»
18c8	26c4	7c9	8c4	7c8	7c8	7c6	10c6	13c0	6c8	17c2	12c5
1174 K	1166 K	1146 K	1011 K	755 K	578 K	381 K	3636 K	1480 K	100 K	82 K	20 K
192	285	65	72	62	65	65	140	148	26	169	41
6.09	4.08	18.28	15.34	12.08	9.12	6.09	»	»	»	0.49	0.49
»	»	11.83	10.00	7.45	»	»	25.86	10.00	3.9	»	»
1°41′	1°11′11	3°40′	3°46′	3°50′	3°50′	3°45′	1°50′	1°10′15	»	»	»

Tableau *des portées du but en blanc naturel des bouches à feu de la marine (la ligne de mire étant horizontale).*

BOUCHES A FEU.		CHARGE. (KILOG.)	PROJECTILES.	PORTÉE du BUT EN BLANC, EN MÈTRES.
Canon ...	de 30 long....	3.000	Massif.	800
		3.750	*Idem.*	733
		2.500	*Idem.*	630
		3.750	Creux.	841
		2.500	*Idem.*	743
	de 30 court...	3.000	Massif.	920
		3.750	*Idem.*	830
		2.500	*Idem.*	733
		3.750	Creux.	957
		2.500	*Idem.*	852
Canon-obusier.	de 22 c/m.....	3.500	Creux.	368
		2.000	*Idem.*	469
	de 16 c/m (30).	2.000	Massif.	442
		2.000	Creux.	529
		1.500	*Idem.*	453
Caronade.	de 30	1.600	Massif.	983
		1.600	Creux.	936
	de 24	1.300	Massif.	957
	de 18	1.000	Massif.	939
	de 12	0.650	Massif.	918
Pierrier.		0.130	Massif.	367
Espingole		0.300	Massif.	210

s portées du but en blanc naturel des bou-
de la marine (la ligne de mire étant hori-

ES A FEU.	CHARGE. (KILOG.)	PROJECTILES.	PORTÉE du BUT EN BLANC, EN MÈTRES.
de 30 long....	5.000	Massif.	800
	3.750	*Idem.*	733
	2.500	*Idem.*	630
	3.750	Creux.	841
	2.500	*Idem.*	745
de 30 court...	5.000	Massif.	920
	3.750	*Idem.*	850
	2.500	*Idem.*	735
	3.750	Creux.	957
	2.500	*Idem.*	852
de 22 c/m.....	3.500	Creux.	568
	2.000	*Idem.*	469
de 16 c/m (30).	2.000	Massif.	442
	2.000	Creux.	529
	1.500	*Idem.*	453
de 30	1.600	Massif.	983
	1.600	Creux.	936
de 24	1.300	Massif.	957
de 18	1.000	Massif.	939
de 12	0.650	Massif.	918
....	0.130	Massif.	367
....	0.300	Massif.	210

TABLE *servant à déterminer la distance d'un bâtiment à un autre, au moyen de la hauteur angulaire des mâts.*

DISTANCES en encablures.	VAISSEAUX à 3 ponts et de 80.	VAISSEAUX de 74 et grandes frégates.	FRÉGATES de 44.	CORVETTES de 24 à 32.	CORVETTES de 20 à 24.	BRICKS de 16 à 20.
0. 5	24° 39′	22° 21′	18° 37′	16° 25′	15° 22′	14° 44′
1. 0	12. 56	11. 38	9. 33	8. 23	7. 49	7. 22
1. 5	8. 41	8. 00	6. 24	5. 37	4. 15	4. 56
2. 0	6. 29	5. 52	4. 49	4. 13	3. 56	3. 42
2. 5	5. 14	4. 42	3. 51	3. 22	3. 09	2. 58
3. 0	4. 22	4. 04	3. 13	2. 30	2. 37	2. 29
3. 5	3. 45	3. 22	2. 45	2. 25	2. 15	2. 07
4. 0	3. 17	2. 57	2. 25	2. 06	1. 58	1. 51
4. 5	2. 55	2. 37	2. 09	1. 54	1. 45	1. 39
5. 0	2. 38	2. 21	1. 56	1. 41	1. 34	1. 29
5. 5	2. 25	2. 09	1. 45	1. 32	1. 26	1. 21
6. 0	2. 11	2. 01	1. 36	1. 24	1. 19	1. 14
Hauteur du capelage du grand mât de perroquet.	54m	53m	41m	34m	32m	18m

OBSERVATIONS.

Les angles sont mesurés à partir de la flottaison jusqu'au capelage du grand mât de perroquet des bâtiments anglais, dont la mâture est d'un douzième moins élevée que celle des bâtiments français du même rang, ainsi qu'on le voit dans les Tables de M. Gicquel des Touches.

SECONDE PARTIE.

EXERCICE
- DU MORTIER A BORD DES BOMBARDES;
- DE L'OBUSIER DE MONTAGNE;
- DU CANON, MONTÉ SUR AFFUT DE PLACE OU DE COTE;
- DU MORTIER A TERRE.

AVERTISSEMENT.

La commission n'ayant pas vu fonctionner le mortier en usage à bord des bombardes, s'est bornée à modifier les termes de la rédaction des exercices qui lui ont été communiqués.

Pour l'obusier de montagne, dont l'usage dans la marine a été ordonné tout récemment, pour le mortier à terre et pour le canon de côte monté sur affût nouveau modèle, la commission ne fait que reproduire textuellement les divers exercices formulés par l'artillerie de terre pour servir de simple information; toutefois, pour l'exercice du canon de côte, la commission fait remarquer qu'il est inutile et même nuisible de mettre des bouchons sur la poudre : on ne doit suivre cette pratique que dans le cas où les pièces sont chargées d'avance et par précaution.

S'il arrivait que, dans une batterie de côte, on fût pourvu du matériel en usage pour le canon de bord, ainsi que cela existe encore dans plusieurs batteries, on reviendrait à l'usage de la charge simultanée, et l'on écouvillonnerait ainsi qu'il est prescrit dans l'exercice du canon à bord des bâtiments de la flotte.

EXERCICE

DES MORTIERS A BORD DES BOMBARDES

Il faut, pour commander, servir et approvisionner un mortier, 8 hommes dont :

1 sous-oficier ou caporal, chef du mortier ;
1 pointeur;
4 servants;
2 ponrvoyeurs exclusivement employés à monter la poudre et les bombes pendant le tir.

PLACEMENT DES SERVANTS.

Les quatre servants font face au mortier, se placent à sa droite et à sa gauche, sur une même ligne perpendiculaire à son axe, à la hauteur de la bouche ; les premiers servants à 40 ou 50 centimètres de la pièce; les autres en file, à un pas en arrière de ceux-ci ; le pointeur derrière le deuxième servant de gauche.

Le chef du mortier est en dchors de la plate-forme; les deux hommes destinés à monter les bombes sont placés dans la cale au-dessous du grand panneau et prêts à approvisionner. Ils hissent les bombes au moyen d'un palan croché à un montant en fer disposé pour cet effet.

ATTIRAILS NÉCESSAIRES.

Deux leviers..........	Placés en arrière du mortier, contre et parallèlement au plat-bord, le gros bout vers l'avant.
Cinq coins en bois.....	Sont placés sur le pont, en arrière du mortier, pendant la manœuvre ; et, après le pointage fini, dans les mortaises pratiquées en arrière de la plate-forme et dans son encastrement.
Un baril à bourse..... Un percuteur en cuivre avec son cordon et son cabillot...........	Placés sur le pont à droite des pointeurs du côté gauche du mortier.
Un panier............	Placé à gauche du mortier, sur le pont, près du premier servant de gauche; ce panier contient : Un sac à terre, deux éponges, deux fiches en fer, une curette, un faubert, un maillet, une spatule, deux paires de manchettes, un chasse-fusée.
Un tablier contenant des chiffons et un fil à plomb........................ Une boîte à étoupilles.................. Un dégorgeoir à manche................. Deux paires de manchettes.................	Le tout placé en arrière du mortier, sur la plaque, pour le service du pointeur.
Deux crochets à bombes	Un à droite et un à gauche du mortier, en arrière des seconds servants.
Un boute-feu et une baille..............	Placés à droite et en arrière du mortier, sur le pont, dans la baille de combat.

Nota. Avant de commencer l'exercice, les premiers servants vont à la sainte-barbe prendre tous les attirails, et les placent dans l'ordre indiqué ci-dessus, et chacun se place au poste qui lui est assigné.

1er COMMANDEMENT.

Équipez-vous !

Le premier servant de droite, aidé du premier servant de gauche, enlève le tampon et le place contre le pied du mât le plus voisin du mortier.

Le premier servant de gauche prend, dans le panier, les paires de manchettes, les passe au premier de droite, qui se fait aider pour les mettre par le second servant de droite.

Le pointeur prend le tablier et la boite à étoupilles, à la ceinture de laquelle est attaché le dégorgeoir. Il prend ensuite les manchettes et se fait aider à les mettre par le 2e servant de gauche. (ACTION !)

2e COMMANDEMENT.

Nettoyez et approvisionnez le mortier !

Le premier servant de gauche remet au premier de droite la curette et l'éponge nécessaires pour nettoyer le mortier ; celui-ci, après s'en être servi, les rend au premier de gauche qui les remet dans le panier : ces deux servants reprennent leurs postes.

Le pointeur se porte à la lumière en se fendant de la jambe droite ; il arme le percuteur de la main gauche ; il passe le dégorgeoir dans la lumière avec la main droite pour s'assurer qu'elle est parée, puis il va prendre la poudre qu'il apporte dans le baril à bourse. En même temps les seconds servants prennent les crochets et vont au grand panneau prendre la bombe.

Tous les trois reviennent au mortier ; le pointeur se place devant la bouche, les deux autres servants à droite et à gauche derrière lui : ils posent la bombe sur le pont, sans abandonner les crochets. (ACTION !)

3e COMMANDEMENT.

Chargez !

Le pointeur verse la poudre avec précaution dans la chambre du mortier ; le premier servant de gauche prend le sac à terre, qu'il remet au pointeur en échange du baril à bourse qu'il va porter au passage des poudres, et il revient à son poste. Le pointeur arrange la poudre dans la chambre avec les mains et s'assure qu'il n'en reste pas contre les parois de l'âme; puis il passe derrière le deuxième servant de droite, faisant face au mortier.

Les seconds servants élèvent la bombe jusqu'à la hauteur de la bouche; le pointeur l'essuie avec le sac à terre qu'il jette ensuite dans le panier; les servants descendent la bombe sur la poudre avec beaucoup de précaution; le pointeur la dirige de manière que l'œil soit au milieu de l'âme et les anneaux sur les côtés. Si l'on fait usage d'éclisses, elles sont remises, ainsi que la spatule, par le premier servant de gauche, au pointeur qui assujettit la bombe et décoiffe la fusée.

4e COMMANDEMENT.

Pointez !

Le pointeur prend son fil à plomb et se porte en arrière de la plate-forme; les premiers et deuxièmes servants prennent les leviers et les engagent dans les anneaux carrés les plus voisins à droite et à gauche du pointeur, qui fait agir, pour mettre le mortier en direction, au moyen du fil à plomb. Le pointage fini, le pointeur fait un signe des deux mains, et les servants retirent les leviers pour les remettre à leur place.

Les deuxiemes servants prennent les coins d'arrêt et calent le derrière de l'affût; le pointeur se porte en même temps à gauche du mortier, à la hauteur de la lumière, se fend en arrière de la jambe droite. Il ouvre la boîte à étoupilles, en prend une et l'introduit dans la lumière en pressant fortement avec le pouce le godet sur le champ de lumière: il referme la boîte après avoir pris l'étoupille.

Il prend ensuite le cordon du percuteur, qu'il remet au deuxième servant de droite : puis, il se porte, avec les autres servants, au vent du mortier, sur l'arrière ou sur l'avant du bâtiment, pour observer, avec le chef du mortier, la chute de la bombe. Les servants emportent le panier et les crochets pour les préserver des ressauts du tir.

Le deuxième servant de droite se place au pied du grand mât ou du mât du misaine, en raison de la direction du mortier, ayant à la main le cordon du percuteur qu'il tient légèrement tendu. (ACTION !)

5e COMMANDEMENT.

Feu !

Le commandant de la batterie attend le moment favorable pour faire tirer, et dès qu'il l'a trouvé, il fait le commandement *feu !* Le deuxième servant de droite l'exécute en tirant fortement et sans secousse sur le cordon du percuteur.

Dès que le coup est parti, le pointeur et les servants reprennent leurs postes; les deuxièmes retirent les coins d'arrêt ; le cordon du percuteur est levé par le deuxième servant de doite.

Si le coup ne part pas, on change l'étoupille, et l'on rectifie le pointage, s'il y a lieu. (ACTION !)

NOTA. Si l'on continue l'exercice, on reprend au commandement : *Nettoyez le mortier*; si l'on cesse l'exercice, on fait le commandement suivant :

6e COMMANDEMENT.

Déséquipez-vous !

Le pointeur et le premier servant de droite se déséquipent ; les quatre servants embarrent les leviers dans les anneaux carrés, ramènent le mortier dans sa direction, remettent les leviers dans l'encastrement de l'affût, qu'ils recouvrent de ses panneaux, après que le premier servant de droite a remis la tape au mortier ; le dernier remet ensuite les attirails à la sainte-barbe.

Les canonniers restent à leur poste, jusqu'à la breloque ou jusqu'au commandement *rompez vos rangs* !

Lorsque les canonniers comprendront bien le détail de cet exercice, on le fera exécuter en 3 commandements, comme suit :

CHARGEZ !
POINTEZ ?
FEU !

Puis : A VOLONTÉ !

OBSERVATIONS.

SUR LES DIVERS COMMANDEMENTS DE L'EXERCICE DU MORTIER A BORD DES BOMBARDES.

3e COMMANDEMENT.

Chargez !

On est obligé de verser la poudre dans le mortier, non-seulement à cause de la forme de la chambre, qui est rétrécie dans quelques-uns d'entre eux à son ouverture, mais encore parce qu'il faut peser les charges, afin de les modifier suivant les portées que l'on veut obtenir.

Quand on charge le mortier à chambre pleine, on place une feuille de papier sur la poudre, et on la presse légèrement avec la main.

Lorsque la bombe doit être assujettie contre les parois du mortier, le pointeur fait cette opération au moyen de quatre éclisses de même épaisseur. Après l'introduction de la bombe, elles lui sont présentées, ainsi que la spatule, par le premier servant de gauche ; elles se placent dans l'ordre suivant : celle qui doit être posée dessous la première, puis celles des côtés, et enfin l'éclisse supérieure la dernière. Le pointeur les affermit et les enfonce également avec le manche de la spatule, qui est remise, après l'opération, au premier servant de gauche, qui la dépose dans le panier.

4e COMMANDEMENT.

Pointez !

Les mortiers à plaques employés à bord des bombardes étant coulés avec leur plaque, ce qui ne permet pas de les pointer sous différents angles, on ne peut faire varier leur portée qu'en augmentant ou en diminuant la charge.

5e COMMANDEMENT.

Feu !

On fait retirer les servants, et on les fait placer au vent de la pièce pour qu'ils soient moins incommodés par la détonation.

Le moment le plus favorable pour commander le feu est celui où le bâtiment est droit dans la direction observée à la fin du pointage et lorsqu'il a le moins de mouvements.

Quand il y a deux mortiers sur une bombarde, et que l'un est sur le point de faire feu, alors que le second est chargé, le pointeur de celui-ci couvre la lumière avec le sac à terre ; le premier servant de droite met le tampon, et tous se retirent à distance; ils reviennent prendre leurs postes et achever le pointage lorsque le premier a tiré.

Si le mortier était dépourvu de percuteur, et que l'on fût dans l'obligation de faire usage du boute-feu, le deuxième servant de droite enlèverait le sac à terre, et le jetterait à gauche du mortier ; il saisirait le boute-feu de la main droite, le placerait sur le bras gauche au-dessus de la baille, se fendrait autant que possible en arrière, tendrait le jarret gauche, ploierait le droit et porterait le corps en avant, présenterait le boute-feu à trois doigts de l'étoupille ou de la lance à feu, le bras droit tendu, les ongles en dessus, la main gauche à plat sur la cuisse, et l'oreille droite appuyée sur l'épaule.

Si l'on était pourvu d'étoupilles Billette, on pourrait s'en servir sans installation préalable, parce que l'arrachement se ferait dans le sens transversal ; il faudrait seulement avoir l'attention de tenir le cordon horizontalement et de donner la secousse dans ce sens.

TABLES DU TIR DU MORTIER DE $0^{m}32$

A CHAMBRE SPHÉRIQUE.

La première table fait connaître la portée correspondante à une charge donnée.
La seconde table indique la charge à employer, lorsque la distance est connue.

PREMIÈRE TABLE.

CHARGE.	PORTÉE.	DURÉE du trajet.	DÉVIATION moyenne longitudinale	DÉVIATION moyenne latérale.
Kilogr.	Mètres.		Mètres.	Mètres.
0,5	255	7″3	5	8
1,0	550	10,6	10	15
1,5	900	13,5	15	22
2,0	1,225	15,8	20	30
2,5	1,515	17,8	25	37
3,0	1,765	19,5	30	46
3,5	2,010	20,6	35	54
4,0	2,255	22,5	40	62
4,5	2,472	23,6	45	69
5,0	2,669	24,4	50	77
5,5	2,856	25,1	54	84
6,0	3,001	25,6	57	91
6,5	3.116	26,1	60	97
7,0	3,208	26,6	63	102
7,5	3,293	27,0	67	107
8,0	3,368	27,5	68	110
8,5	3,435	27,8	69	114
9,0	3,502	28,2	70	117
9,5	3,568	28,6	71	119
10,0	3,634	28,9	72	121
10,5	3,694	29,2	73	123
11,0	3,753	29,5	74	125
11,5	3,808	29,8	75	126
12,0	3,863	30,0	76	128
12,5	3,915	30,3	77	129
13,0	3,960	30,5	78	130
13,5	3,990	30,6	79	131
14,0	4,000	30,7	80	132

DEUXIÈME TABLE.

DISTANCE	CHARGE.	DÉVIATION moyenne longitudinale.	DÉVIATION moyenne latérale
Mètres.	Kilogr.	Mètres.	Mètres.
500	0,90	9	14
600	1,07	11	16
700	1,21	12	18
800	1,34	14	20
900	1,50	15	22
1,000	1,65	17	25
1,100	1,81	18	27
1,200	1,96	19	29
1,300	2,13	20	32
1,400	2,30	22	35
1,500	2,47	24	38
1,600	2,67	26	41
1,700	2 87	28	44
1,800	3,07	30	47
1,900	3,27	32	50
2,000	3,47	34	53
2,100	3,68	37	57
2,200	3,88	39	60
2,300	4,10	41	63
2,400	4,33	43	67
2,500	4,57	46	70
2,600	4,83	48	73
2,700	5,08	50	78
2,800	5,34	52	82
2,900	5,59	54	86
3,000	6,00	57	91
3,100	6,43	59	95
3,200	6,91	62	102
3,300	7,53	65	107
3.400	8,25	69	112
3,500	9,00	70	117
3,600	9,75	72	120
3,700	10,53	73	123
3,800	11,43	75	126
3,900	12,33	77	129
4,000	14,00	80	132

NOTA. Ces tables sont extraites de l'ouvrage intitulé : *Expériences d'artillerie exécutées à Gavre par ordre du ministre de la marine.*

RENSEIGNEMENTS SUR LES MORTIERS.

POIDS ET CHARGES DES MORTIERS DE TOUS LES CALIBRES, ET DES BOMBES DE 32, 27 ET 22 CENTIMÈTRES.

Le mortier de 32 c/m, en bronze, à semelle et à chambre cylindrique, pèse	4,334,000 k.
Le mortier de 32 c/m, en fer, à semelle et à chambre sphérique	5,428,565
Le même mortier à chambre cylindrique	4,841,155
Le mortier de 32 c/m, dit à la Gomer, à chambre conique (terme moyen)	1,527,000
Le mortier de 27 c/m à grande portée et à chambre cylindrique	1,442,000
Le même mortier, à petite portée et à chambre sphérique	996,000
Le mortier de 22 c/m, à chambre cylindrique	295,000
Les mortiers-éprouvettes à chambre cylindrique (terme moyen)	112,000
Le mortier *Cohorn*, en usage en Hollande, du calibre de 8 et de 16 c/m	150,000
Le mortier *monstre* employé contre la citadelle d'Anvers, du calibre de 57 c/m, pesait (il a été mis hors de service)	10,000,000
Le mortier-éprouvette en bronze	115,000

Les charges sont en proportion des calibres et d'après les formes des chambres cylindriques ou coniques, depuis 92 grammes, mortier-éprouvette (pour porter à 225 mètres un globe en cuivre pesant 29k,037) jusqu'à 15 kilogrammes de poudre pour porter jusqu'à 4,400 mètres une bombe en fer, qui pèse 72 kilogrammes ; elle est chargée de 2 kilogrammes de poudre et de 500 grammes de roche à feu avec fusée.

CHARGES ORDINAIRES DES BOMBES.

De 32 c/m	8k,332g	pour le combat.
De 27 c/m	4 ,895	
De 22 c/m	1 ,989	
De 32 c/m	2 ,447 à 2k,937g	quantité pour faire éclater les bombes.
De 27 c/m	1 ,468 à 2 ,447	
De 22 c/m	0 ,489 à 0 ,612	

POIDS DES BOMBES VIDES.

De 32 c/m 71 à 73 kilogrammes.
De 27 c/m 48 à 50
De 22 c/m 21 à 22.

SERVICE

DE L'OBUSIER DE MONTAGNE,

L'instruction sur le service de l'obusier de montagne est divisée en deux chapitres.

Le premier comprend l'exercice complet de l'obusier, dans toutes les circonstances du service.

Le deuxième, les manœuvres de force.

CHAPITRE PREMIER.

EXERCICE DE L'OBUSIER DE MONTAGNE.

Six hommes sont nécessaires pour le service de l'obusier de montagne.

- Un premier servant de droite, chargé de l'écouvillon;
- Un premier servant de gauche, partageant les détails de la charge et ceux de l'approvisionnement;
- Un pointeur;
- Un second servant de droite chargé du boute-feu;
- Deux troisièmes servants chargés de l'approvisionnement (celui de droite *garde-caisses*).

Le chapitre premier est divisé en trois leçons, qui correspondent aux *septième, huitième et neuvième leçons* de l'instruction sur le service des bouches à feu de bataille.

1re LEÇON.

Réunion des servants a l'obusier ;
Charge en quatre temps ;
Changer de poste ;
Charge a volonté ;
Cesser le feu.

Pour donner cette leçon on réunit quatre hommes.

L'obusier est au champ de manœuvre, sans limonière ; l'écouvillon et le levier sont aux crochets porte-armements ; les armements et assortiments, liés ensemble, sont déposés sur la flèche de l'affût.

RÉUNION DES SERVANTS A L'OBUSIER

L'instructeur place les quatre hommes en arrière de la crosse, face à l'obusier ; il désigne chacun d'eux pour une des fonctions de son service, en commençant par la droite, ainsi qu'il suit : *premier servant de droite*, *premier servant de gauche*, pointeur, *second servant de droite* ; il distribue les armements et assortiments attribués au poste que chacun doit occuper, savoir :

Au premier de droite, une bricole pendant de gauche à droite ;

Au premier de gauche, le sac à charges, une bricole pendant de gauche à droite, pardessus le sac à charges et l'enrayure qu'il tient de la main droite (1) ;

(1) Pendant l'exercice, les bricoles sont relevées de manière à ne pas traîner à terre. Le trait est passé dans la banderole de dehors en dedans ; la ganse ainsi formée est enveloppée d'un nœud simple, fait avec le bout pendant.

Au pointeur, la genouillère se bouclant au-dessus et au-dessous du genou droit, le sac à étoupilles, le dégorgeoir et le doigtier ;

Au deuxième de droite, l'étui à lances, le boute-feu et le porte-lance.

Pour faire servir la pièce l'instructeur commande:

A vos postes !

Le pointeur et les servants se postent à l'obusier et se placent à 50 centimètres en dehors de l'alignement des roues : les premiers servants à la hauteur de la tranche de la bouche : le pointeur et le second de droite à hauteur du bout de crosse.

Le premier de droite prend l'écouvillon et le tient, la main droite au milieu de la hampe, la main gauche près la virole de la brosse.

Le premier de gauche place l'enrayure à terre, à un mètre derrière lui.

CHARGE EN QUATRE TEMPS.

L'instructeur commande :

Charge en quatre temps !

Ier COMMANDEMENT.

En action!

Le pointeur porte le pied gauche à hauteur du bouton de culasse parallèlement à la flèche, pose le genou droit à hauteur de 16 centimètres (6 pouces) en dehors de l'extrémité de la crosse, donne la première direction, en saisissant de la main droite la poignée de la crosse, qu'il fait mouvoir à droite, suivant le besoin.

Le premier de gauche se porte vivement au dépôt des munitions et s'y approvisionne.

Le premier de droite reste immobile.

Le second de droite place le boute-feu derrière lui.

2e COMMANDEMENT.

Chargez !

Le premier de droite élève l'écouvillon horizontalement à hauteur de ceinture, le coude gauche au corps, glissant la main droite jusqu'au *piton* du refouloir, se porte du pied gauche à l'obusier, sur l'alignement de la roue; se fend d'environ 33 centimètres de la jambe droite, les jarrets tendus; écouvillonne et refoule en enfonçant l'écouvillon et le retirant d'un seul coup; se retire à son poste et se fend vers la fusée de l'essieu.

Le premier de gauche revient au pas de course; se place vis à-vis du premier de droite, sur l'alignement de la roue, prend une charge et la tient des deux mains, l'obus dans la gauche, le sachet dans la droite, introduit la charge aussitôt que le premier de droite a écouvillonné, se retire à son poste, et se fend vers la fusée de l'essieu.

Le pointeur répète le commandement *chargez!* bouche la lumière de la main gauche, saisit la manivelle de la droite; la pièce chargée, il donne la direction et l'inclinaison, se relève, dégorge, amorce, et se retire à son poste par un seul pas en arrière du pied droit.

Le second de droite prend la lance, la fixe dans le porte-lance et l'allume.

3e COMMANDEMENT.

Feu !

Le pointeur fait le signal. Le second de droite met le feu. Les premiers servants reprennent la position *à vos postes.*

4e COMMANDEMENT.

Cessez le feu!

Le second de droite reprend la position *à vos postes.* Les autres ne bougent.

2e LEÇON.

FORMATION DU PELOTON DE LA PIÈCE;
ENTRÉE AU PARC;
METTRE LES CANONNIERS A LEURS POSTES ET LES ÉQUIPER;
CONDUIRE LA PIÈCE AU CHAMP DE MANŒUVRE,
OTER ET REMETTRE LA LIMONIÈRE;
ATTACHER ET DÉTACHER L'ENRAYURE;
SORTIR DE BATTERIE.

Cette leçon est donnée, comme la précédente, avec quatre hommes. La pièce est au parc, la limonière fixée au bout de crosse. Les armements et assortiments comme à la leçon précédente; le boute-feu debout contre l'affût, dans l'angle formé par la côté droit de la flèche avec le derrière de l'essieu.

FORMATION DU PELOTON DE LA PIÈCE.

L'instructeur placera les hommes sur deux rangs, il les préviendra que le premier rang se compose des servants de gauche, et le second des servants de droite, que la première file, en commençant toujours par la droite, fournit les premiers servants; la seconde file les seconds; la troisième, le pointeur et le pointeur servant; et la quatrième les troisièmes servants.

L'instructeur, faisant marcher un peloton par le flanc

gauche, le dirige par la droite ou par la gauche du parc, de manière à se prolonger à quatre pas en avant de la bouche de la pièce ; et lorsque la tête du peloton est près d'arriver à la hauteur de la bouche, il commande :

Par file à gauche (ou à droite), à vos postes,
Marche !
Front !

Le premier commandement sert d'avertissement.

Au second commandement fait, lorsque la tête du peloton arrive à la hauteur de la bouche de la pièce, les deux rangs se séparent et se dirigent respectivement à droite et à gauche de la pièce; chacun s'arrête à la position qui lui est propre.

Le pointeur et le second de droite se placent à hauteur du bout de crosse ; les premiers servants à hauteur de la tranche de la bouche, tenus à 50 centimètres en dehors de l'alignement des roues.

Au troisième commandement, tous font face à la pièce, et s'alignent sur les premiers servants.

ÉQUIPER LES CANONNIERS.

L'instructeur fait distribuer les armements en commandant :

Équipez-vous !

Le pointeur se porte au paquet d'armements et le délie pour donner à chaque homme ceux dont il doit être équipé; il fait cette distribution en commençant par la file de droite et par le premier servant de chaque file. Chacun s'avance dans l'ordre marqué par sa position, reçoit les armements, rentre à son poste, et s'équipe ainsi qu'il est prescrit à la *réunion des servants à l'obusier.*

CONDUIRE LA PIÈCE AU CHAMP DE MANOEUVRE

L'instructeur voulant faire conduire la pièce au champ de manœuvre, commande:

1. En avant.
2. Marche !

Au premier commandement, le pointeur et les servants font face du côté de la limonière.

Les premiers se portent aux bouts d'essieux ; chacun d'eux développe sa bricole, l'accroche (celui de droite de la main droite, celui de gauche de la main gauche) et tend dessus.

Le pointeur et le second de droite se portent aux extrémités de la limonière ; chacun d'eux saisit le bras de son côté et se relève.

Au commandement *marche* ! tous font effort pour faire avancer la pièce.

OBSERVATIONS. A défaut de bricoles, les premiers servants se placent aux roues; chacun d'eux saisit le rais le plus élevé de son côté, celui de droite de la main droite, celui de gauche de la main gauche.

ARRÊTER LA PIÈCE. — REMETTRE LES CANONNIÈRES A LEURS POSTES.

L'instructeur commande :

1. Halte !
2. A vos postes !

Au commandement *halte !* tous s'arrêtent.

Au commandement *à vos postes* ! les premiers servants décrochent les bricoles et les relèvent.

Le pointeur et le second de droite posent la crosse à terre.

Tous reprennent leurs postes.

OTER LA LIMONIÈRE.

La pièce étant arrivée au champ de manœuvre, l'instructeur commande.

Otez la limonière !

Le pointeur retire la cheville.

Le second de droite place le boute-feu et le porte-lance derrière lui, se porte entre les bras de la limonière, face à la pièce, les saisit à environ 30 centimètres de l'entretoise, enlève la limonière et la porte à un mètre de la file de droite, parallèlement à la pièce, l'entretoise à hauteur du bout de la flèche, les bras en arrière; il reprend ensuite le boute-feu et le porte-lance.

Le premier de droite prend l'écouvillon.

Le premier de gauche pose l'enrayure à terre.

Tous reprennent leurs postes.

ATTACHER L'ENRAYURE.

Si l'instructeur veut faire employer l'enrayure, il commande :

Otez la limonière ! — Attachez l'enrayure !

On ôte la limonière comme il vient d'être dit.

En même temps le premier de gauche prend l'enrayure

et l'attache à l'aide du premier de droite qui prend ensuite l'écouvillon.

Tous reprennent leurs postes.

REMETTRE LA LIMONIÈRE.

Voulant faire remettre la limonière, l'instructeur commande :

Remettez la limonière !

Le premier de droite remet l'écouvillon.

Le second de droite passe le boute-feu et le porte-lance derrière lui, se porte à la limonière, la saisit comme il est prescrit pour la faire ôter, l'enlève, l'adapte à l'affût, reprend le boute-feu et le porte-lance.

Le pointeur remet la cheville.

Tous reprennent leurs postes.

DÉTACHER L'ENRAYURE.

Si l'instructeur veut faire détacher l'enrayure, il commande :

Détachez l'enrayure ! — **Remettez la limonière** !

Le premier de gauche détache l'enrayure à l'aide du premier de droite, l'enlève et la tient à la main.

Pendant qu'on détache l'enrayure, la limonière est remise comme il vient d'être dit.

Tous reprennent leurs postes.

SORTIR DE BATTERIE.

L'exercice étant terminé, l'instructeur fait rassembler les objets d'équipement et d'armement et commande :

Déséquipez-vous !

A ce commandement tous les canonniers quittent leurs armements et les passent au pointeur dans l'ordre où ils les ont reçus; celui-ci en forme un paquet et le dépose sur le coffret.

Pour faire sortir de batterie, l'inspecteur commande :

1. **Pour sortir de batterie, par le flanc droit et par le flanc gauche.**
2. **A droite**! — **A gauche**!
3. **Marche**!

Le premier commandement sert d'avertissement.

Au second commandement, la file de droite fait par le flanc droit, la file de gauche par le flanc gauche.

Au troisième commandement, les deux files partent ensemble en obliquant pour se rapprocher l'une de l'autre; les canonniers serrent à leur distance, et aussitôt que la gauche du peloton a dépassé de 4 pas la bouche de la pièce, l'instructeur commande :

Halte!
Par un à gnuche, front!

Le peloton se trouvant alors formé dans le même ordre qu'en arrivant, il sera mis en marche dans la direction que l'instructeur voudra lui donner.

3e LEÇON,

EXERCICE A VOLONTÉ;
A BRAS EN AVANT;
A BRAS EN ARRIÈRE;
REMPLACEMENT DES HOMMES MANQUANTS;
EN PARADE.

Pour donner cette leçon, on complète le nombre des servants nécessaires au service de l'obusier, en ajoutant aux quatre hommes chargés de fonctions autour de la pièce, les deux nouveaux servants qui doivent concourir à l'approvisionnement.

La pièce, les armements et assortiments, le boute-feu, sont comme à la leçon précédente.

La troisième file du peloton de la pièce fournit les troisièmes servants.

En entrant au parc les troisièmes servants se placent l'un à côté de l'autre, à un mètre en arrière de l'obusier, face à la pièce; ils suivent la pièce au champ de manœuvre.

Le troisième de gauche est équipé d'un sac à charges; le troisième de droite reçoit un couteau pour décoiffer l'obus.

EXERCICE A VOLONTÉ.

L'instructeur ayant fait exécuter les manœuvres préparatoires pour mettre la pièce en batterie, fait faire l'exercice à volonté.

Les troisièmes servants, supposés à droite et à gauche des caisses, sont à 15 mètres en arrière de l'obusier.

Le troisième de gauche alterne avec le premier du

même côté pour l'approvisionnement ; il apporte la première charge et remplit, pendant qu'il est près de la pièce, les fonctions de premier de gauche ; lorsque le feu cesse, il reprend son poste aux caisses.

Le troisième de droite décoiffe les obus et distribue les munitions.

L'approvisionnement du sac est de deux charges.

A BRAS EN AVANT.

Voulant faire avancer la pièce pour la placer dans une position très voisine de celle qu'elle occupe, l'instructeur commande :

1. **A bras en avant!**
2. **Marche!**
3. **Halte!**

Au premier commandement, les servants se placent aux roues, face en avant, celui de droite tenant l'écouvillon horizontalement dans la main droite, la brosse en avant. Chacun d'eux saisit le rais le plus élevé de son côté; celui de droite de la main gauche, celui de gauche de la main droite.

Le pointeur se porte à l'extrémité de la crosse, face en avant, et saisit la poignée de la main droite.

Au commandement *marche !* le pointeur soulève la crosse et fait effort avec les premiers servants pour faire avancer la pièce.

Au commandement *halte !* le pointeur pose la crosse à terre et chacun reprend son poste.

Si le mouvement *à bras en avant* a lieu pour remettre en batterie et que le feu doive continuer, les premiers servants et le pointeur reprennent la position *en action* au commandement *halte !*

Si l'enrayure est attachée, aussitôt le recul achevé, le premier de gauche la détache sans commandement, à l'aide du premier de droite qui conserve l'écouvillon. L'enrayure est attachée de même, lorsque la pièce est remise en batterie. En remettant la pièce en batterie, le premier de gauche tient l'enrayure de la main gauche.

A BRAS EN ARRIÈRE.

Voulant faire reculer la pièce pour la placer dans une position très voisine de celle qu'elle occupe, l'instructeur commande :

1. **A bras en arrière !**
2. **Marche !**
3. **Halte !**

Au premier commandement, les premiers servants font face en arrière et se placent comme il est prescrit pour *conduire la pièce au champ de manœuvre*, celui de droite tenant l'écouvillon horizontalement dans la main gauche.

Le pointeur se porte à l'extrémité de la crosse, face en arrière et saisit la poignée de la main gauche.

Les commandements *marche !* et *halte !* s'exécutent comme pour *à bras en avant.*

Observations. Dans les mouvements *à bras en avant*, *à bras en arrière*, le second de droite n'a de fonctions que dans le cas où la limonière doit être changée de place; dans ce cas c'est lui qui en est chargé.

REMPLACEMENT DES HOMMES MANQUANTS.

Le remplacement des hommes manquants a lieu dans l'ordre suivant :

Le premier manquant est remplacé par le servant de gauche qui est aux caisses.

Le second manquant est remplacé par le second servant de droite, qui est suppléé dans ses fonctions par le premier de droite;

Le troisième manquant est remplacé par le pourvoyeur restant à gauche, et le troisième servant de droite demeure seul chargé d'approvisionner la pièce.

Si la file de droite vient à manquer, le premier de gauche passe premier de droite; si c'est la file de gauche, le second de droite passe pointeur.

Pour simuler ces divers cas, et enseigner aux canonniers à se remplacer dans l'ordre prescrit, l'instructeur commande :

Pointeur ! (ou tel servant ou telle file,) **Manquez** !

L'homme désigné cesse aussitôt ses fonctions, pose à terre les armements dont il est équipé, et se retire à trois pas en arrière de son poste.

EN PARADE.

L'instructeur, voulant disposer les canonniers pour rendre les honneurs ou pour passer l'inspection, commandera :

1. En parade !
2. A vos postes !

Au premier commandement les pointeurs et les servants font face à l'ennemi, le premier de droite tient l'écouvillon comme pour faire *à bras en avant*. Le premier de gauche tient l'enrayure à la main, si elle n'est pas attachée à la pièce; les servants placés aux caisses ne bougent.

Au deuxième commandement, tous reprennent leurs postes à la pièce.

EXERCICE

DE PLUSIEURS OBUSIERS RÉUNIS.

Lorsque plusieurs obusiers sont réunis pour l'exercice sous un même commandement, les pièces étant formées et placées en bataille, le détachement sera divisé en section de deux pièces, commandées par des officiers, et on attachera un sous-officier à chaque pièce.

Les officiers se placeront à deux pas en avant du centre de leur section, et les sous-officiers seront à la droite du peloton de leur pièce au premier rang.

Le détachement marchera par le flanc gauche; le commandant de la manœuvre le dirigera vers la batterie du côté des volées des pièces et parallèlement à la ligne de bataille; les chefs de pièces marchent comme chefs de peloton, et les officiers à hauteur et à gauche du centre des deux pièces qu'ils commandent, excepté le premier, qui marchera à côté du chef de la première pièce.

ENTRER AU PARC PAR LA DROITE.

La tête du détachement étant arrivée à 4 mètres environ du parc, le commandant de la manœuvre commande :

Peloton à vos pièces!

Chaque chef de section, à mesure qu'un peloton arrive à la hauteur de sa pièce, lui commande :

1. Par file à droite, à vos postes!
2. Marche!

Le chef de pièce s'arrête à deux pas du bout du timon; les canonniers s'arrêtent, à droite et à gauche de leur pièce, aux postes qu'ils doivent occuper.

ENTRER AU PARC PAR LA GAUCHE.

La tête du détachement étant arrivée à la hauteur de la pièce gauche, le commandant de la manœuvre commande :

1. Pelotons, sur la gauche, à vos pièces!

A mesure que chaque peloton arrive à hauteur de la pièce, le chef commande :

2. Par file à gauche, à vos postes!
3. Marche!

Les canonniers prennent leurs postes.

Les canonniers étant à leurs postes, le commandant de batterie fait équiper les canonniers et exécuter les diverses manœuvres, aux commandements indiqués par l'instructeur.

Pour faire sortir de batterie, le commandant de la manœuvre fait les commandements suivants :

1. **Pour sortir de batterie, par le flanc droit et par le flanc gauche.**
2. **A droite, à gauche !**
3. **Marche !**

Et lorsque la gauche des pelotons a dépassé de 4 mètres la bouche des pièces :

4. **Pelotons, halte !**
5. **Front !**

Il détermine le front par un à gauche ou par un à droite, selon le côté où il veut se diriger, et forme la colonne, soit par pelotons, soit par le flanc, d'après les principes des manœuvres du cavalier à pied.

Observations. Dans tous les mouvements qu'on vient d'indiquer, les officiers commandant les sections n'ont que des fonctions de pure surveillance, attendu qu'il ne s'agit pas du service d'une batterie proprement dite, mais seulement d'exercer un détachement avec autant de pièces qu'il peut en occuper.

Ces mouvements ont d'ailleurs été décrits très sommairement, parce que les détails d'exécution appartiennent à l'école du cavalier à pied.

CHAPITRE II.

MANOEUVRES DE FORCE DE L'OBUSIER DE MONTAGNE.

Les manœuvres de force qui exigent quelques détails se réduisent à charger sur les mulets et à décharger l'obusier, son affût et ses caisses.

Ces manœuvres sont exécutées par les six hommes nécessaires au service de la pièce.

CHARGER LES MULETS.

Pour faciliter l'intelligence de la manœuvre, on la divise en trois parties, savoir :

1. Charger l'obusier ;
2. Charger l'affut ;
3. Charger les caisses.

L'obusier est sur son affût, la limonière ôtée, l'enrayure à terre.

Les servants équipés sont formés en pelotons, à proximité de la pièce.

CHARGER L'OBUSIER.

Il faut trois hommes : les deux premiers servants et le second de droite.

SOMMAIRE DE LA MANŒUVRE.

Lever les sus-bandes, introduire l'écouvillon dans l'âme, placer le levier en croix sous le bouton de culasse, enlever l'obusier, le placer sur le bât, la culasse vers la tête du mulet, placer la limonière sens dessus dessous, les bras vers la croupe du mulet.

L'instructeur commande :

1. Chargez l'obusier !
2. Ferme !

Au premier commandement, le conducteur amène son mulet à 3 mètres en arrière de la pièce, la croupe tournée vers l'affût.

Les premiers servants lèvent les sus-bandes.

Le premier de droite détache l'écouvillon, l'introduit dans l'âme et saisit la hampe des deux mains.

Le premier de gauche détache le levier, le passe en croix sous le bouton de culasse; engage, de la main gauche, la ganse autour du bouton, et saisit le bout du levier des deux mains.

Le second de droite place le boute-feu et le porte-lance derrière lui, se porte au levier et saisit des deux mains le bout de son côté.

Tous trois font face du côté du mulet.

Au commandement *ferme*, répété par le premier de droite, tous font effort, enlèvent l'obusier, le portent sur le bât (le premier de droite obliquant légèrement à gauche pour se dégager de l'affût), et le placent, le bouton de culasse vers la tête du mulet, les tourillons dans leurs logements, la lumière en dessus.

L'obusier placé, le premier de droite retire l'écouvillon; le premier de gauche dégage le levier et le passe au premier de droite; celui-ci le remet à l'affût, ainsi que l'écouvillon, et va prendre la limonière.

Le second de droite brèle la pièce en bouclant et serrant fortement la courroie de chargement, à l'aide du premier de gauche, qui lui passe le bout de la courroie pendant de son côté.

Le premier de droite apporte la limonière près de la croupe du mulet, les bras en arrière; le premier de gauche et le second de droite saisissent les bras, près de l'entretoise; le premier de droite se porte en arrière pour agir à leur extrémité.

Les trois servants retournent la limonière sens dessus dessous et la placent, la partie saillante de dessous engagée sous le collet du bouton de culasse, chacun des bras reposant sur les deux arcades.

Le second de droite et le premier de gauche fixent les

bras au moyen de cordages passés dans les trous des arcades.

Le second de droite place la cheville dans l'ouverture de l'écharpe ; ensuite il reprend le boute-feu et le porte-lance.

CHARGER L'AFFUT.

Il faut trois hommes : le pointeur et les deux troisièmes servants.

SOMMAIRE DE LA MANŒUVRE.

Remettre les sus-bandes, soulever la tête d'affût, ôter les roues, les poser à terre, enlever l'affût, le placer sur le bât, la tête vers celle du mulet, placer les roues, attacher l'enrayure.

L'instructeur commande :

1. Chargez l'affût !
2. Ferme !

Au premier commandement, le conducteur amène son mulet à 3 mètres en avant de l'affût, la croupe tournée vers la tête de l'affût.

Le premier remet les sus-bandes et soulève la tête de l'affût.

Les troisièmes servants, chacun de son côté, ôtent les esses, enlèvent les roues, les posent à terre derrière eux sur le petit bout du moyeu, remettent les esses, saisissent des deux mains les fusées de l'essieu et soutiennent l'affût.

Le pointeur abandonne la tête d'affût, se porte à l'extrémité de la crosse et saisit la poignée des deux mains.

Tous trois font face du côté du mulet.

Au commandement *ferme* ! répété par le pointeur, les trois servants enlèvent l'affût, le portent sur le bât et le placent entre les entretoises, la tête de l'affût vers celle du mulet, l'essieu en avant de l'arcade de devant et contre cette arcade.

L'affût placé, le troisième de gauche le brèle en bouclant et serrant fortement la courroie de chargement, à l'aide du troisième de droite, qui lui passe le bout de la courroie pendant de son côté; le pointeur prend l'enrayure.

Chacun des troisièmes servants prend la roue qu'il a ôtée et la suspend à la fusée de l'essieu dans l'un des angles formés par un rais et une jante, le petit bout au moyeu, contre le bât entre les deux arcades.

Pour fixer la roue dans cette position, chacun des servants embrasse et serre fortement à l'arcade de derrière, au moyen du cordage d'arcade, les deux rais les plus voisins du point d'attache (1) ; il en fait autant à l'arcade de devant (2).

Le pointeur embrasse les jantes des deux roues et l'affût, en arrière de la vis de pointage, avec l'enrayure, qu'il arrête par un nœud à gauche du mulet.

CHARGER LES CAISSES.

Il faut quatre hommes : le premier et le troisième de gauche, le second et le troisième de droite.

L'instructeur commande :

1. Chargez les caisses !
2. Ferme !

Au premier commandement, le conducteur amène son mulet à 1 mètre des caisses, leur faisant face.

Les deux servants de chaque côté se portent aux caisses et les saisissent par les poignées.

Au commandement *ferme* ! répété par le troisième de droite, les servants soulèvent les caisses, les portent au

(1) Les cinquième et sixième rais à partir de la fusée, y compris celui qui porte dessus.

(2) Les deux rais immédiatement au-dessous de la fusée

bât, et accrochent en même temps les chaînes de chaque côté aux bandelettes à crochet.

Les troisièmes servants passent les courroies de brelage dans les chapes des caisses et les bouclent en serrant fortement.

Observations. On peut également charger les caisses avec trois hommes, le premier et le troisième de gauche, et le troisième de droite ; mais alors les caisses sont accrochées l'une après l'autre par les deux servants de gauche ; lorsque la première est placée, le troisième de droite la soutient jusqu'à ce que l'autre le soit également : on ne brèle les caisses qu'après que toutes les deux sont accrochées.

MANŒUVRE D'ENSEMBLE.

Lorsque les hommes sont suffisamment exercés aux manœuvres qui viennent d'être détaillées, l'instructeur fait faire la manœuvre d'ensemble. Il commande :

Chargez les Mulets !

A ce commandement les mulets de l'obusier et de l'affût sont placés par leurs conducteurs, le premier à 3 mètres en arrière, le second à 3 mètres en avant de la pièce, tous deux la croupe tournée vers la pièce.

Les deux manœuvres déjà décrites pour *charger l'obusier* et *charger l'affût* s'exécutent simultanément, avec cette différence que le commandement *ferme* ! n'est plus qu'un avertissement fait par les hommes qui étaient chargés de le répéter.

Aussitôt que l'obusier est enlevé on commence le chargement de l'affût.

L'affût n'est porté sur le bât qu'après que l'écouvillon et le levier sont réunis aux crochets porte-armements.

Si les caisses doivent être chargées, elles le sont immédiatement après la pièce, comme il est indiqué à l'article: *charger les caisses.* Dans ce cas, le second servant de droite ne reprend le boute-feu et le porte-lance qu'après avoir aidé au chargement des caisses.

Après le chargement des mulets, les servants reprennent leurs places au peloton.

DÉCHARGER LES MULETS.

La manœuvre se divise, comme la précédente, en trois parties; savoir:

1. DÉCHARGER L'AFFUT;
2. DÉCHARGER L'OBUSIER;
3. DÉCHARGER LES CAISSES.

DÉCHARGER L'AFFUT.

La manœuvre s'exécute par les trois hommes qui ont chargé l'affût (le pointeur et les deux troisièmes servants).

SOMMAIRE DE LA MANŒUVRE.

Détacher l'enrayure; décharger les roues, les poser à terre; enlever l'affût, poser la crosse à terre; soutenir la tête de l'affût; remettre les roues; lever les sus-bandes.

L'instructeur commande:

1. Déchargez l'affut !
2. Ferme !

Au premier commandement, le pointeur détache l'enrayure et la pose à terre derrière lui.

Les troisièmes servants, chacun de son côté, se portent aux roues, délient les cordages qui les retiennent, en commençant par ceux de l'arcade de devant; enlèvent les roues et les posent à terre derrière eux sur le petit bout du moyeu.

Le troisième de gauche déboucle la courroie de chargement à l'aide du troisième de droite, qui retire de son côté le bout de la courroie passé par-dessus l'affût.

Ces deux servants saisissent des deux mains les fusées de l'essieu, face du côté où sera placé l'affût.

Le pointeur saisit des deux mains la poignée du bout de crosse, face aux servants.

Au commandement *ferme*! répété par le pointeur, les trois servants enlèvent l'affût et le portent à 3 mètres en arrière du mulet.

Le pointeur pose la crosse à terre et va soutenir la tête de l'affût.

Les troisièmes servants abandonnent les fusées, ôtent les esses, vont prendre les roues, les remettent et replacent les esses.

Le pointeur lève les sus-bandes et remet l'enrayure à sa place.

DÉCHARGER L'OBUSIER

La manœuvre s'exécute par les trois hommes qui ont chargé l'obusier (les deux premiers servants et le second de droite).

SOMMAIRE DE LA MANOEUVRE.

Décharger la limonière, la poser à terre. Introduire l'écouvillon dans l'âme. Placer le levier en croix sous le bouton de culasse. Enlever l'obusier, le placer sur l'affût. Remettre les sus-bandes.

L'instructeur commande:

1. **Déchargez l'obusier!**
2. **Ferme!**

Au premier commandement, le conducteur amène son

mulet à 3 mètres en arrière de l'affût, la croupe tournée vers la crosse.

Le second de droite place le boute-feu et le porte-lance derrière lui, et se porte, ainsi que le premier de gauche, aux bras de la limonière.

Ces deux servants délient les cordages d'arcade : ensuite, à l'aide du premier de droite, qui agit à l'extrémité des bras, ils dégagent la limonière, la tirent en arrière et la retournent; le premier de droite va la poser à sa place.

Le second de droite déboucle la courroie de chargement à l'aide du premier de gauche, qui retire de son côté le bout de la courroie passé par-dessus l'obusier.

Le premier de droite détache l'écouvillon et le levier, passe le levier au premier de gauche, introduit l'écouvillon dans l'âme et saisit la hampe des deux mains.

Le premier de gauche passe le levier en croix sous le bouton de culasse, engage de la main droite la ganse autour du bouton, et saisit le bout du levier des deux mains.

Le second de droite se porte au levier, en saisit des deux mains le bout de son côté.

Les trois servants font face du côté de l'affût.

Au commandement *ferme!* répété par le premier de droite, tous font effort, enlèvent l'obusier et le portent sur l'affût, le premier de droite obliquant légèrement à droite pour doubler l'affût.

Le premier de droite retire l'écouvillon et le remet à l'affût.

Le premier de gauche dégage le levier et le remet à l'affût.

Ces deux servants remettent les sus-bandes.

Le second de droite reprend le boute-feu et le porte-lance.

DÉCHARGER LES CAISSES.

Les caisses sont déchargées par les quatre hommes qui les ont chargées (le premier et le troisième de gauche, le second et le troisième de droite).

L'instructeur commande :

1. Déchargez les caisses !
2. Ferme !

Au premier commandement, les servants se portent aux caisses.

Les troisièmes débouclent les courroies de brelage et les retirent des chappes des caisses.

Les deux servants de chaque côté saisissent les poignées.

Au commandement *ferme !* répété par le troisième de droite, les servants soulèvent les caisses en même temps, décrochent les chaînes, portent les caisses à 1 mètre en avant du mulet et les posent à terre.

OBSERVATIONS. On peut également décharger les caisses avec trois hommes, le premier et le troisième de gauche, et le troisième de droite; mais alors, après qu'on a débouclé les courroies de chargement, les caisses sont déchargées l'une après l'autre par les deux servants de gauche; pendant qu'on décroche l'une et qu'on la pose à terre, le troisième de droite soutient l'autre.

MANOEUVRE D'ENSEMBLE.

L'instructeur, voulant faire exécuter la manœuvre d'ensemble, commande :

Déchargez les mulets !

A ce commandement, les mulets de l'obusier et de

l'affût sont placés par leurs conducteurs à 8 mètres l'un de l'autre, la croupe tournée vers la place que doit occuper la pièce.

Les deux manœuvres décrites pour décharger l'affût et décharger l'obusier s'exécutent simultanément, avec cette différence que le commandement *ferme!* n'est plus qu'un avertissement fait par les hommes qui étaient chargés de le répéter.

L'écouvillon et le levier ne sont décrochés que quand l'affût est à terre.

L'obusier n'est porté vers l'affût que quand les roues sont remises.

Si les caisses doivent être chargées, elles le sont immédiatement après la pièce, comme il est prescrit à l'article *décharger les caisses*. Dans ce cas, le second servant de droite ne reprend le boute-feu et le porte-lance qu'après avoir aidé au déchargement des caisses.

Après le déchargement des mulets, les servants reprennent leurs places au peloton.

Observations. Pendant le chargement et le déchargement des mulets, l'instructeur prescrit aux conducteurs de tenir la rêne du bridon la main haute et ferme.

NOMENCLATURE.

Nota. On ne donne que les parties principales et celles nécessaires à l'intelligence des manœuvres ; les autres sont détaillées dans la première partie.

OBUSIER DE 12.

Il n'y a pas d'*anse :* les autres parties et les moulures sont celles ci-après; l'instructeur en donnera les détails, en indiquant de la main les objets :

OBUSIER.

Volée,
Culasse,
Cul-de-lampe,
Bouton de culasse,
Tourillons,
Embases des tourillons,
Lumière et grain de lumière,
Bouche,
Ame,
Chambre.

MOULURES PRINCIPALES.

Plate-bande de volée, — le cran de mire;
Plate-bande du collet;
Plinthe ou plate-bande de culasse, — le cran de mire

AFFUT.

BOIS.

Un corps d'affût d'une seule pièce, ou de deux au besoin; la *tête de l'affût*, la *crosse*;

Un essieu, le corps d'*essieu*, les *fusées*.

FER.

Deux *goujons*, quand le corps d'affût est de deux pièces;

Trois *boulons de corps d'affûts*, six *rosettes*, trois *écroux;*

Deux *sous-bandes*, six *chevilles :* deux *à tête plate*, deux *à mentonnet*, deux *à tête ronde;* six *écroux de chevilles*;

Un *équignon d'essieu*, deux *frettes de corps d'essieu*; deux *crampons de bricole*, au bout des fusées de l'essieu; deux *viroles de haut d'essieu*; deux *plaques de fusées d'essieu*; deux *étriers d'essieu;*

Deux *sus-bandes*, deux *clavettes de sus-bandes:* chacune attachée par une *chaînette*, composée d'un *piton*, trois *mailles*, un *anneau*;

Une *plaque de crosse*; un *bout de crosse*, sa *poignée;*

Un *arrêtoir de limonière*, sa *tige;*

Un *écrou de vis de pointage* (bronze), son *boulon*, une *rosette*, un *écrou;*

Une *vis de pointage*, sa *manivelle*, son *plateau;*

Deux *crochets porte-armements*, en arrière du second boulon du corps d'affût; deux *crochets d'armements*, vers la tête de l'affût.

ROUE.

BOIS.

Un *moyeu*, douze *rais*, six *jantes*, six *goujons*.

FER.

Deux *frettes*, un *cercle*, deux *boîtes de roues*.

LIMONIÈRE.

BOIS.

Deux *bras*, une *entretoise*.

FER.

Deux *clous rivés*, au bout de derrière des bras ; deux *contre-rivures ;*

Une *bande de support*, au milieu du *cintre* de la bande; deux *arrêtoirs ;*

Une *écharpe de dessus*, une *écharpe de dessous ;*

Une *cheville de limonière*, sa *chaînette*, composée d'un *piton*, huit *mailles*, un *anneau ;*

Deux *crampons d'attelage*, en dessous des bras; deux *anneaux à pattes*, aux petits bouts des bras pour l'attelage.

ARMEMENTS ET ASSORTIMENTS.

Un *écouvillon-levier :* la *hampe*, la *tête*, sa *virole*, le *refouloir*, sa *virole*; le *piton rivé*, sa *contre-rivure*;

Un *levier portereau*, l'*anneau à pattes*, la *ganse ;*

Deux *bricoles :* pour chacune, la *banderole*, le *trait*, le *crochet ;*

Un *dégorgeoir ordinaire ;*

Un *dégorgeoir à vrille ;*

Trois *sacs à charges :* pour chacun, le *corps*, le *couvercle*, la *séparation*, la *banderole ;*

Un *porte-lance ;*

Un *boute-feu* ;

Un *sac à étoupilles ;*

Un *étui à lances ;*

Un *doigtier* ;

Une *genouillère :* la *courroie de genouillère*, sa *boucle*, son *passant*; le *boucleteau de genouillère*, sa *courroie* avec *boucle* et *passant*, son *contre-sanglon* ;

Un *couteau* pour décoiffer l'obus ;

Une *enrayure* (cordage).

CAISSES A MUNITIONS.

BOIS.

Deux *bouts*, deux *côtés*, un *fond*, un *couvercle* et ses *emboîtures* (le couvercle est garni en dessus d'une toile peinte clouée ; en dessous, d'une toile collée) ; deux *tasseaux porte-poignées* (les poignées sont en cordage) ; huit *tasseaux*, huit *supports d'obus*, dans l'intérieur, pour le chargement en cartouches à obus.

FER.

Une *entretoise d'écartement* ;

Quatre *équerres d'angles* ;

Une *chappe de brelage* ;

Deux *charnières* : pour chacune, le *mâle* et la *femelle* ;

Deux *chaînes*, chacune attachée par une *bride*, et composée de quatre *anneaux* et une *paille torse* ;

Un *moraillon*, son *mâle* ;

Un *tourniquet*, son *axe*, sa *contre-rivure* ; une *plaque de tourniquet*.

CHARGEMENT DE LA CAISSE.

En cartouches à obus : huit cartouches placées de bout; quatre, l'obus en dessous, portées par les supports ; quatre, l'obus en dessus, portées par les tasseaux : au-dessus du chargement, contre les côtés de la caisse, deux lances à feu, un paquet de douze étoupilles et 2 mètres de mèche ;

En cartouches à balles : cinq cartouches couchées; trois sur le fond, celles des extrémités le sachet contre le bout de la caisse; deux par-dessus, la boîte à balles contre le bout de la caisse. Au-dessus du chargement, deux lances à feu, un paquet de douze étoupilles et 2 mètres de mèche;

En cartouches d'infanterie : la caisse contient mille cartouches. Les chargements sont étoupés comme dans les coffres à munitions de l'artillerie de campagne.

HARNACHEMENT DES MULETS.

GARNITURE DE TÊTE.

Un *licol :* la *muserolle*, les *montants*, les *jouières*, la *sous-gorge*, la *longe ;*

Un *bridon :* le *mors*, ses *anneaux*, les *montants* avec *œillères ;* le *frontal* formant *sous-gorge*, la *rêne*, l'*olive.*

BAT.

Le même bât sert à porter l'obusier, l'affût ou les caisses.

ARÇON.

BOIS.

Deux *arcades :* une *de devant*, une *de derrière* ; à chacune une *échancrure* pour le logement de l'obusier, et deux *trous* pour les cordages de chargement ;

Deux *entretoises :* à chacune un *logement* pour les tourillons, et une *mortaise* pour la courroie de chargement.

Deux *planchettes.*

FER.

Une *bandelette à crochets de devant* ;

Une *bandelette à crochets de derrière* ; l'*anneau de croupière*, son *crampon* ;

Deux *boulons d'assemblage d'arçon*, deux *écroux*;
Deux *chapes de brelage des caisses*, au bas des planchettes.

COURROIES ET CORDAGES POUR LE CHARGEMENT.

Une *courroie de chargement*, passée dans les mortaises des entretoises; elle sert à breler l'obusier ou l'affût;

Deux *courroies de brelage de caisses*, passées dans les chapes de brelage de l'arçon; elles servent à breler les caisses;

Quatre *cordages d'arcade*, passés dans les trous des arcades; ils servent à breler la limonière et les roues.

HARNAIS DE BAT.

Un *poitrail*: le *corps du poitrail*, les *contre-sanglons*, deux *montants de poitrail*;

Une *avaloire :* le *bras du bas*, le *bras du haut*;

Une *croupière* : la *fourche*, la *longe*;

Un *surfaix*;

Une *sangle*, pour le bât des Pyrénées seulement.

HARNAIS D'ATTELAGE, FORMÉ DU HARNAIS DE BAT MODIFIE.

Un *poitrail d'attelage*, son *coussin* : pour atteler, les contre-sanglons du poitrail sont détachés du bât et bouclés aux anneaux à pattes des bras de limonière; le poitrail reste fixé au bât par ses montants;

Un *coussinet d'avaloire*, placé sous le bras du haut d'avaloire et ajusté sur la croupière;

Un *surfaix dossière*, deux *courroies de support de limonière*, servant à soutenir les bras de limonière; une *courroie de dossière*;

Deux *courroies de retraite*, passées dans les boucles d'avaloire; pour atteler, elles se bouclent aux crampons d'attelage de la limonière.

EXERCICE DU CANON.

MONTÉ SUR UN AFFUT DE PLACE OU DE COTE.

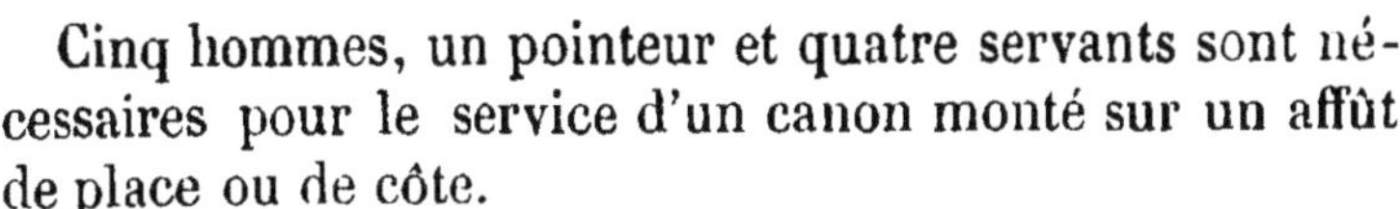

Cinq hommes, un pointeur et quatre servants sont nécessaires pour le service d'un canon monté sur un affût de place ou de côte.

Les armements nécessaires sont les suivants :

Quatre leviers.......	Deux de chaque côté de l'affût, le petit bout portant sur l'essieu et appuyé contre le flasque ;
Un écouvillon et un refouloir.........	Sur deux chevalets à droite de la pièce, l'écouvillon en dessus, la brosse de l'un et la tête de l'autre du côté opposé à l'épaulement.
Un gargoussier debout contre l'épaulement.	
Un dégorgeoir...... Un sac à étoupilles... Un doigtier......... Une hausse dans son étui.............	Suspendus au bouton de culasse.
Un boute-feu.......	Fiché dans le sabot derrière le deuxième servant de droite.

Outre ces armements, la batterie devra être approvisionnée de :

Boulets et bouchons (ou valets erseaux)	Les boulets placés en pile, à gauche de la pièce contre l'épaulement et immédiatement à côté de la plate-forme ; les bouchons ou valets erseaux entre l'épaulement et la pile de boulets.
Deux coins d'arrêt...	A droite et à gauche, contre l'épaulement, à un pas en dehors de l'alignement des roues.

Un chapiteau couvrant la lumière.

Un balai placé à gauche entre la masse et les boulets.

Les canonniers étant à leurs postes, l'instructeur leur désignera :

L'épaulement ou coffre de la batterie,
Le revêtement,
L'embrasure,
La plate-forme,
Le heurtoir,
Les leviers, dont le gros bout s'appelle pince;
L'écouvillon (sa brosse);
Le refouloir (sa tête);
Les chevalets (le plus voisin de l'épaulement se nomme *chevalet intérieur;* l'autre *chevalet extérieur*);
Les masses,
Le gargoussier,
Le dégorgeoir,
La hausse,
Le chapiteau.

L'instructeur leur indiquera ensuite:

Le petit châssis; son plateau circulaire.

Le grand châssis.... { Les côtés,
La poutrelle directrice,
La bride de manœuvre,
Les roulettes,

L'affût............. { Les montants,
Les arcs-boutants des montants,
L'entretoise des montants,
L'entretoise du milieu,
L'entretoise de crosse,
Le support de pointage,
Les tenons de manœuvre,
Les anneaux de manœuvre,
Le corps d'essieu,

Les roues.......... { Les cercles des roues,
Les moyeux,

Les coins d'arrêt.

Pour faire prendre les armements, l'instructeur commandera :

Équipez-vous !

Le pointeur se porte au bouton de culasse, s'équipe du sac à étoupilles et du dégorgeoir, enlève le chapiteau, le pose contre l'épaulement, à côté et en dehors du gargoussier, baisse la vis de pointage, si la pièce est hors d'eau, et rentre à son poste.

Les seconds servants se portent entre le flasque et la roue, prennent les leviers, les passent aux premiers servants, en gardent chacun un, et reprennent leurs postes.

Tous les servants, posant la pince sur la plate-forme, du côté opposé à l'épaulement et à six pouces en avant de leur alignement, tiennent les leviers des deux mains ; celle placée vers le petit bout à hauteur du teton, les ongles en dessus, le coude touchant le corps, et l'autre main les ongles en dessous, le bras allongé naturellement.

L'instructeur commandera ensuite :

Ier COMMANDEMENT.

Hors batterie !

Tournant le dos à l'épaulement, les premiers servants embarrent dans les rais, près du cercle et perpendiculairement à l'affût.

Les seconds sous les arcs-boutants de montants.

A l'avertissement *ferme* ! fait par le pointeur lorsque tous sont prêts à agir, ils font effort, et reculent la pièce pour amener la bouche à dix-huit pouces de l'épaulement.

Les premiers servants débarrent, calent les moyeux, et reprennènt leur première position.

Les seconds servants, cessant d'agir, restent embarrés.

2e COMMANDEMENT.

Chargez !

Le premier servant de droite va prendre l'écouvillon, et se place, ainsi que le premier de gauche, entre la tête du châssis et l'épaulement (1).

Le pointeur monte sur la poutrelle directrice pour disposer convenablement la pièce, il est aidé par le second servant de gauche, qui embarre sous le premier renfort, en plaçant son levier sur le support de pointage.

Les premiers servants posent leurs leviers debout contre l'épaulement.

Le premier de droite fait un à gauche, se porte en dehors des chevalets, en enjambant par dessus les armements ; il prend l'écouvillon des deux mains, les ongles en dessus, enjambe de nouveau pour revenir à la pièce, porte l'écouvilon dans l'embrasure, et en présente la brosse à la bouche de la pièce, sans l'y engager, la main droite seule soutenant la hampe.

Le premier servant de gauche se porte à la bouche, saisit la hampe de la main gauche, les ongles en dessus, en avant de celle du premier de droite.

Les seconds servants embarrent sous le premier renfort; le pointeur se porte contre la flèche, la jambe gauche en avant, et dispose la pièce pour qu'on puisse la charger

(1) Pour que les servants puissent charger la pièce avec facilité sans monter sur le grand châssis, il convient d'établir une petite banquette d'environ un pied de hauteur, entre le plateau circulaire et l'épaulement; sans cela il leur serait impossible d'introduire le boulet dans le tir à boulets rouges : la petite banquette, étant moins élevée que le dessous du grand châssis, n'en gênera pas les mouvements.

commodément, les seconds servants soulevant la culasse pour faciliter le mouvement de la vis de pointage. A un signal qu'il fait avec les deux mains, les seconds servants débarrent et reprennent leurs postes; le pointeur bouche alors la lumière de la main gauche.

Les premiers servants, fixant les yeux sur la lumière, introduisent l'écouvillon dans l'âme, l'enfoncent jusqu'au fond, et portent leur main libre à la hampe.

Le second servant de gauche pose son levier debout contre l'épaulement, près du gargoussier, qu'il prend de la main droite, et se porte à la queue de la plate-forme. Au signal de l'instructeur, il va chercher la poudre, revient face à la pièce, à dix-huit pouces en arrière du premier servant de gauche.

3e COMMANDEMENT.

Écouvillonnez !

Les premiers servants tournent trois fois l'écouvillon de droite à gauche et de dessus en dessous, le tournent ensuite trois fois dans l'autre sens, les yeux toujours fixés sur la lumière, et retirent l'écouvillon; le premier de droite le reporte sur les chevalets, prend le refouloir comme il a précédemment pris l'écouvillon, et le porte dans l'embrasure.

Le second servant de gauche passe le gargoussier sous le bras gauche, en retire la gargousse, la remet au premier servant, et pose le gargoussier à sa place.

Le premier servant de gauche reçoit, par sa droite, la gargousse, et l'introduit dans l'âme; il saisit ensuite le refouloir pour aider le premier servant de droite à enfoncer la charge, comme ils ont enfoncé l'écouvillon.

Nota. Le premier servant de gauche reçoit la gargousse dans les deux mains, le culot à droite; il la soutient avec la main droite, et l'introduit dans l'âme de la main gauche.

4e COMMANDEMENT.

Refoulez !

Étendant le bras de toute sa longueur, les premiers servants refoulent un coup ; ils retirent ensuite le refouloir et le posent dans l'embrasure, le premier de droite continuant à tenir la hampe.

Le second servant de gauche prend un bouchon de la main gauche, puis un boulet des deux mains, les donne au premier de gauche, et rentre à son poste en reprenant son levier.

Le premier servant de gauche reçoit le boulet et le bouchon comme il a reçu la poudre, les introduit dans l'âme, puis il aide le premier de droite à les enfoncer, à refouler et à retirer le refouloir ; le premier servant de droite reporte le refouloir, il replace l'écouvillon en dessus et rentre à son poste après avoir repris son levier, ainsi que le premier de gauche, qui auparavant balaie la plate-forme.

Le pointeur descend et se place à gauche du châssis.

5e COMMANDEMENT.

En batterie !

Les premiers servants décalent les moyeux et embarrent dans les rais, contre le cercle, en appuyant la pince de leurs leviers sous les tenons de manœuvre.

NOTA. Il pourra quelquefois être nécessaire de faire embarrer les seconds servants sous les arcs-boutants, comme pour mettre hors de batterie.

A l'avertissement *ferme* ! fait par le pointeur, ils font effort pour mettre la pièce en batterie.

6e COMMANDEMENT.

Pointez !

Les premiers servants débarrent; celui de gauche vient embarrer sous le premier renfort; le premier servant de droite et le second de gauche embarrent sous les boulons des roulettes.

Le second servant de droite, posant son levier contre l'épaulement, va prendre le boute-feu.

Le pointeur monte sur la poutrelle directrice, dégorge, amorce, pointe, et sautant en bas du châssis, commande :

7e COMMANDEMENT.

Feu !

Tous les servants débarrent et reprennent leurs postes; le second de droite met le feu.

Le coup parti, les premiers servants calent les moyeux; le second de droite replace son boute-feu et reprend son levier.

Pour faire cesser la manœuvre l'instructeur commandera :

En batterie !

comme au 5e commandement ;

La pièce hors d'eau !

Le pointeur monte sur la poutrelle directrice, et met la pièce hors d'eau, à l'aide du premier servant de gauche, qui embarre sous le premier renfort.

L'instructeur commande ensuite :

Déséquipez-vous !

Le pointeur va reprendre le chapiteau, le pose sur la lumière, suspend au bouton de culasse les armements dont il est équipé, et rentre à son poste.

Les seconds servants placent leurs leviers appuyés contre le flasque et l'essieu; ils reçoivent ceux des premiers et des troisièmes servants, les placent de la même manière, et rentrent à leurs postes.

Pour faire sortir de batterie, l'instructeur commandera :

Pour sortir de batterie, par le flanc gauche et par le flanc droit, à gauche (ou) à droite, marche!

Le premier commandement sert d'avertissement.

Au deuxième commandement, la file de droite fait *à gauche*, celle de gauche fait *à droite.*

Au 3e commandement, les deux files partent ensemble au pas accéléré en obliquant pour se rapprocher l'une de l'autre, et, lorsque les premiers servants ont dépassé de quatre pas la queue de la plate-forme, l'instructeur commande :

Peloton, halte!

Front!

Par le flanc droit, à droite!

Et enfin, suivant qu'on veut faire sortir par la droite ou par la gauche de la batterie :

Par file à droite (ou) par file à gauche, marche!

EXERCICE

DU MORTIER DE 32 $^{c}/_{m}$ ET 27 $^{c}/_{m}$ A TERRE.

Il faut cinq hommes, un pointeur et quatre servants, pour le service du mortier de 27 et de 32 cent.

Les armements nécessaires sont les suivants, et doivent être disposés comme ci-après :

Quatre leviers.......	Deux de chaque côté, placés sur les boulons, le petit bout vers l'épaulement ;
Un écouvillon....... Un refouloir........	Montés sur la même hampe et placés sur deux chevalets à droite du mortier, le refouloir du côté de l'épaulement ;
Un quart de cercle... Un double crochet...	Au pied de l'épaulement, à gauche du mortier;
Un sac à charges, suspendu au bouton de culasse ;	
Une paire de manchettes........... Un dégorgeoir....... Un sac à étoupilles...	Dans le sac à charges
Un fil à plomb....... Deux fiches en fer... Une curette......... Un sac à terre....... Une spatule......... Une seconde paire de manchettes.......	Dans un panier, contre l'épaulement, à hauteur du premier servant de gauche.

Un boute-feu .... { Fixé dans un sabot, derrière le second servant de droite, à hauteur des chevalets.

Deux coins de mire sur l'affût.

Outre ces armements, la batterie doit être approvisionnée :

De bombes, placées en arrière ;
D'éclisses, dans le panier ;
D'un tampon fermant la bouche du mortier ;
D'un balai contre l'épaulement, à hauteur du premier servant de gauche.

Les canonniers sont placés à 66 c/m. (18 pouces) en dehors de la tête des boulons ; les premiers servants à hauteur des boulons de la tête ; les seconds à hauteur de ceux de la queue, et le pointeur à un mètre du second de gauche.

Avant de commencer la manœuvre, l'instructeur donnera la nomenclature suivante, indiquera de la main les approvisionnements qui n'ont pas encore été montrés aux canonniers :

Mortier .... {
L'âme,
La chambre : suivant sa forme, les mortiers sont nommés *mortiers à chambre cylindrique* ou *mortiers à la Gomer*,
La volée,
Le renfort.

Affût .... {
Les flasques; leurs entailles,
La tête de l'affût,
La queue de l'affût,
Les boulons de manœuvre,
Le coussinet.

Approvisionnements. {
La bombe ; ses anneaux.
Le quart de cercle,
Le fil à plomb.
Les fiches,
L'S ou double crochet,
Le tampon.

Pour faire prendre les armements et faire disposer la batterie, l'instructeur commandera :

Équipez-vous !

Le pointeur se porte au sac à charges et s'en équipe ; il y prend les manchettes, le dégorgeoir et le sac à étoupilles, dont il s'équipe également ; il met le fil à plomb dans le sac à étoupilles.

Le premier servant de gauche remet à celui de droite les manchettes placées dans le panier, et l'aide à les attacher.

Le pointeur enlève le tampon, le porte à gauche contre l'épaulement, revient et monte sur l'affût.

Le second servant de gauche va prendre le double-crochet, et le place derrière lui.

Le premier de gauche prend les fiches, monte sur l'épaulement, et les plante dans la direction du centre de la plate-forme et de l'objet à battre, le pointeur dirigeant leur placement; ils rentrent ensuite l'un et l'autre à leurs postes ; le premier de gauche et les trois autres servants prennent leurs leviers et les tiennent comme au canon.

Le premier servant de gauche prend la fiche la plus courte et, la tenant suspendue entre le pouce et le premier doigt de la main droite, en laisse tomber le pied sur l'épaulement et la plante vers la crête intérieure ; le pointeur en dirige le placement, et à cet effet, tenant le fil à plomb de la main droite, vis-à-vis de l'œil droit, le pouce et le premier doigt de la main gauche se réunissant pour former un anneau autour du fil, afin d'empêcher qu'il s'écarte de la verticale, il le porte dans la direction de l'objet à battre, fait placer la fiche de manière que dans toute sa longueur elle se confonde avec le fil à plomb ; visant ensuite sur la fiche déjà placée et sur le but, il fait placer la seconde, en sorte qu'elle se confonde avec la première.

On a supposé que le mortier repose sur le coussinet; quand il est renversé, les détails ci-dessus éprouvent les changements suivants:

Le pointeur, après avoir posé le tampon, revient à hauteur et à gauche de la bouche, et saisit le haut du mortier avec les deux mains, en se fendant de la jambe gauche, le dos tourné à l'épaulement.

Le premier servant de droite, prenant un levier par le petit bout, le passe en travers sous la volée; les trois autres servants se portent à ce levier, les seconds en dehors, et tous quatre face à l'épaulement.

Le pointeur fait l'avertissement *ferme*! et tous, faisant effort, dressent le mortier.

Le pointeur fait face à l'épaulement, et saisit de nouveau des deux mains le haut du mortier.

Il fait demi-tour à gauche sur la pointe du pied, en portant le pied droit en arrière.

En même temps, le premier servant de droite, retirant son levier, va le porter en travers du côté opposé à la volée, les autres servants s'y portent dans le même ordre, et comme lui, le dos tourné à l'épaulement.

Le pointeur poussant alors, et les premiers servants retenant, le mortier descend lentement sur le coussinet.

Le premier de droite et les seconds servants rentrent à leurs postes, le second de gauche allant chercher le double crochet, qu'il pose derrière lui.

Le premier de gauche prend les fiches, monte sur l'épaulement, et les plante dans la direction du centre de la plate-forme et de l'objet à battre, le pointeur dirigeant leur placement; ils rentrent ensuite l'un et l'autre à leurs postes; le premier de gauche et les trois autres servants prennent leurs leviers et les tiennent comme au canon.

L'instructeur fait ensuite exécuter la manœuvre aux commandements suivants:

1er COMMANDEMENT.

En batterie !

Restant face au mortier, les premiers servants embarrent sous les boulons de la tête d'affût, les seconds sous les boulons de la queue.

Tous agissent ensemble à l'avertissement *ferme* ! fait par le pointeur, qui s'est porté en arrière de la queue de l'affût pour veiller à faire arriver le mortier au milieu de la plate-forme; lorsqu'il y est parvenu, il fait un signal des deux mains, auquel les servants débarrent et reprennent, leurs postes ainsi que lui.

2e COMMANDEMENT.

Chargez !

Les premiers servants posent les leviers sur les boulons; celui de gauche prend la curette et le sac à terre, les remet au premier de droite, à mesure qu'il en a besoin pour nettoyer le mortier, et les rapporte ensuite dans le panier.

Le premier de droite va prendre l'écouvillon et revient à la bouche du mortier.

Tournant le dos à l'épaulement, le pointeur se porte à la queue de la plate-forme.

Le second servant de gauche tient son levier dans la main gauche, le petit bout en avant, prend le double crochet de la main droite et vient se placer derrière le pointeur; au signal de l'instructeur tous deux se portent au dépôt des munitions. Le second servant passe un des crochets de l'S dans un anneau de la bombe, engage dans l'autre crochet le milieu de son levier, et, faisant demi-tour, saisit le petit bout de la main droite, présentant la pince à l'épaulement.

Le pointeur, après avoir reçu la poudre, vient saisir le gros bout du levier, aussi de la main droite.

3e COMMANDEMENT.

Écouvillonnez.

Le premier servant de droite écouvillonne, retourne l'écouvillon pour amener le refouloir vers la bouche, et rentre à son poste, en le tenant dans les deux mains.

Le pointeur et le deuxième servant de gauche portent la bombe par la gauche du mortier et la posent devant la bouche; le second, le dos à l'épaulement, continue à tenir le levier; le pointeur l'abandonne, s'établit face à la bombe, prend le sachet dans le sac à charges, le place dans la chambre avec la main droite, et fait un pas en arrière.

4e COMMANDEMENT.

Refoulez!

Le premier servant de droite se rapproche du mortier et presse légèrement la poudre avec le refouloir; il reporte ensuite l'écouvillon sur les chevalets, et revient immédiatement saisir le gros bout du levier près du mortier.

Le second de droite, qui, à cet effet, pose son levier sur les boulons, vient au secours, et tous deux agissant avec le deuxième de gauche, soulèvent la bombe.

Le premier de gauche prend le sac à terre, essuie la bombe, et le remet dans le panier; se portant ensuite aux leviers, il aide les trois autres servants à présenter la bombe à la bouche de la pièce et à la descendre doucement dans le mortier, le pointeur dirigeant son mouvement.

Il la dispose de manière que l'œil se trouve au milieu de l'âme, et que les anneaux soient vis à vis des tourillons.

Les servants rentrent à leurs postes, le second de gauche posant le double crochet derrière lui, le premier de gauche après avoir balayé la plate-forme, et tous reprennent leurs leviers.

Le pointeur se porte au quart de cercle, le saisit et fait face au mortier.

Lorsqu'on tire les mortiers à chambre cylindrique, la bombe doit être maintenue avec des éclisses; et cette disposition apporte les modifications suivantes dans la manœuvre :

Après avoir introduit la bombe dans le mortier, le premier servant de droite et les seconds servants rentrent à leurs postes et reprennent leurs leviers, le second de gauche posant le double crochet derrière lui.

Le pointeur reçoit du premier servant de gauche quatre éclisses et la spatule; il place les éclisses, les affermit avec le manche de la spatule, et la rend ensuite au premier da gauche, qui la remet dans le panier; le premier servant de gauche, après avoir balayé la plate-forme, reprend son levier et rentre à son poste.

Le pointeur se porte au quart de cercle, le saisit et fait face au mortier.

Les éclisses, qui doivent être choisies d'épaisseur égale, sont placées : la première dessous, une de chaque côté, et la quatrième en dessus de la bombe; revenant ensuite à la première, le pointeur les affermit successivement.

5e COMMANDEMENT.

Pointez !

Tournant le dos à l'épaulement, les premiers servants embarrent sous le renfort, les seconds aux entailles de la queue de l'affût.

Le pointeur se porte au mortier, applique le quart de cercle sur la bouche pour donner les degrés, les premiers servants soulevant le mortier pour faciliter le mouvement du coin de mire; il remet ensuite le quart de cercle à sa place.

Les premiers servants embarrent aux entailles de la tête d'affût.

Le pointeur, passant par-dessus les leviers des servants de gauche, se porte derrière le mortier et le dirige, en se servant du fil à plomb.

Tenant le fil à plomb de la main droite, vis à vis de l'œil droit, en sorte qu'il se confonde avec les deux fiches, puis portant l'œil sur la lumière et sur le point le plus élevé de la bouche, le pointeur fait rendre le mortier à droite ou à gauche, jusqu'à ce que ces deux points se confondent avec le fil à plomb et la fiche.

Le pointeur se porte ensuite à la lumière, dégorge de la main droite en se fendant du pied droit; place l'étoupille de la main gauche, et indique, en se relevant, que tout est prêt pour mettre le feu.

A ce signal, les servants débarrent. Le premier de gauche prend le sac à terre et le place sur l'étoupille.

Le second de droite, posant son levier sur les chevalets, le gros bout au côté de la brosse de l'écouvillon, saisit le boute-feu de la main droite, l'appuie sur le bras gauche, et fait un demi à gauche.

Les premiers servants et le deuxième de gauche se

portent à 3 pas en arrière de la plate-forme, et s'y placent face à l'épaulement, le deuxième de gauche entre les deux premiers; tous conservent leurs leviers, qu'ils tiennent debout devant eux.

Le pointeur se porte à la droite ou à la gauche de la batterie pour observer la chute de la bombe.

6e COMMANDEMENT.

Haut le bras!

Le second servant de droite abandonne le boute-feu de la main droite, se fend de la jambe droite, enlève le sac à terre et le jette à gauche du mortier; se relevant ensuite sur la jambe gauche, il saisit de nouveau le boute-feu de la main droite, le frappe sur le bras gauche, se fend, autant que possible, en arrière, et, portant le corps en avant, présente le boute-feu à 3 pouces de l'étoupille, le bras droit tendu, les ongles en dessus, la main gauche à plat sur les cuisses.

7e COMMANDEMENT.

Feu!

Le second servant de droite touche du boute-feu la mèche de l'étoupille, et le retire vivement dès qu'elle a pris feu; aussitôt que le coup est parti, il se relève en assemblant du pied gauche, reporte le boute-feu, reprend son levier, et rentre à son poste, ainsi que le pointeur et les autres servants, le premier de gauche relevant le sac à terre et le plaçant dans le panier.

Pour faire cesser la manœuvre, l'instructeur commandera :

En batterie !

Comme au premier commandement.

Déséquipez-vous !

Les servants posent leurs leviers sur les boulons.

Le pointeur va prendre le tampon et le place sur la bouche du mortier; il y suspend le sac à charges, dans lequel il remet les manchettes, le sac à étoupilles, le dégorgeoir et le fil à plomb.

Le premier de droite remet ses manchettes dans le panier.

Le second de gauche porte le double crochet au pied de l'épaulement.

Si le mortier doit être mis *hors d'eau*, le premier servant de droite gardant seul son levier, et les trois autres posant les leurs sur les boulons, tous se placent comme au commandement *équipez-vous !* agissent d'une manière inverse, dressent le mortier, le renversent sur l'entretoise de derrière et reprennent leurs postes, le premier de droite posant alors son levier sur les boulons.

Le pointeur va prendre le tampon et le place sur la bouche du mortier, il y suspend le sac à charges, dans lequel il remet les manchettes, le sac à étoupilles, le dégorgeoir et le fil à plomb.

Le premier de droite remet les manchettes dans le panier.

Le second de gauche porte le double crochet au pied de l'épaulement.

FIN.

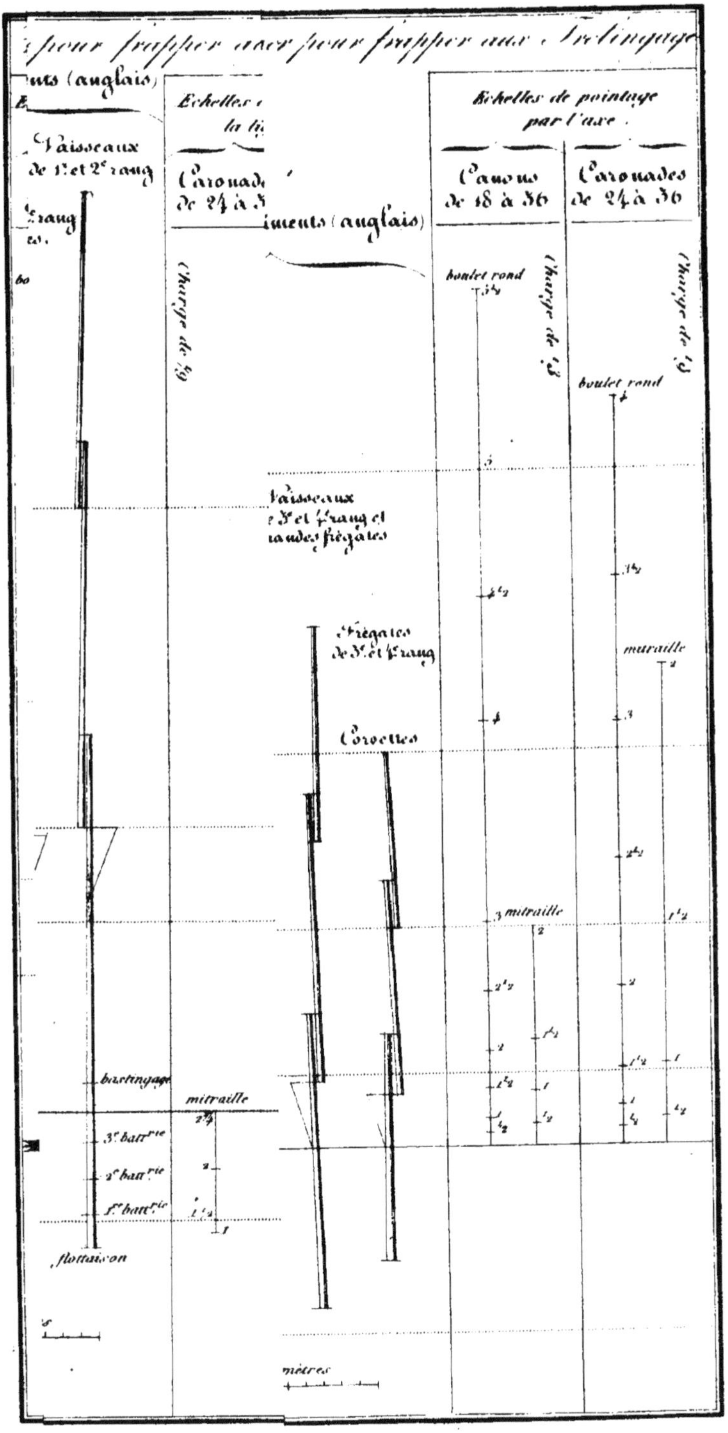

…pour frapper avec pour frapper aux Trelingage

…nts (anglais)

Vaisseaux de 1er et 2e rang

…rang

Echelles … la li…

Caronade… de 24 à 3…

Charge de 1/3

…iments (anglais)

Vaisseaux …e 3e et 4e rang et …randes frégates

Frégates de 3e et 4e rang

Corvettes

Echelles de pointage par l'axe.

Canons de 18 à 36

boulet rond

Charge de 1/3

Caronades de 24 à 36

boulet rond

Charge de 1/3

mitraille

3 mitraille

bastingage

mitraille

3e batterie

2e batterie

1re batterie

flottaison

mètres

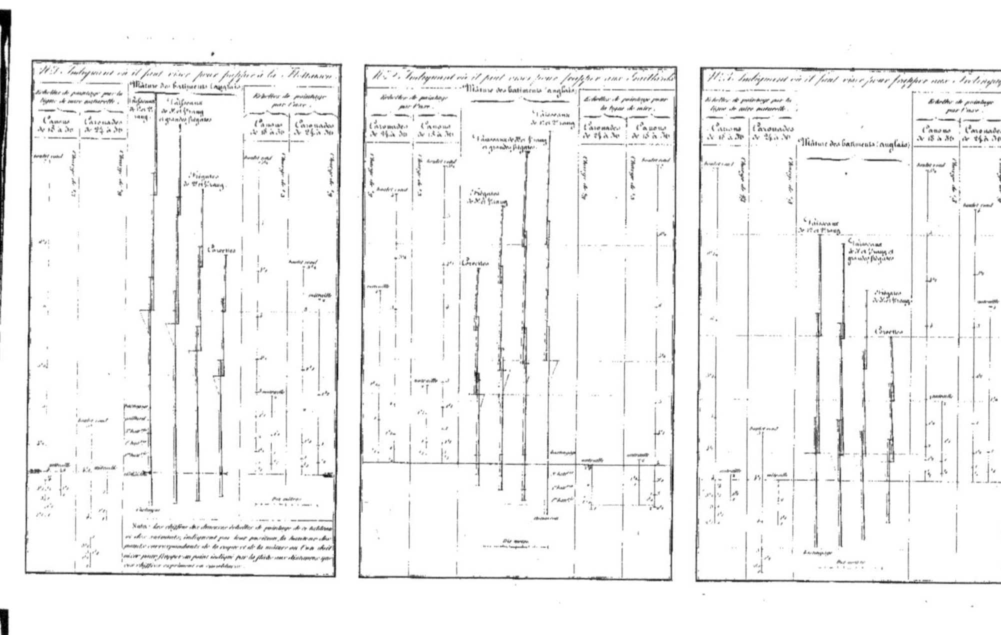
N° 1. Indiquant où il faut viser pour frapper à la flottaison
Échelles de pointage par la ligne de mire naturelle.
Canons de 18 à 36
Caronades de 24 à 36
Mâture des bâtiments (anglais)
Vaisseaux de 1er et 2e rang
Vaisseaux de 3e et 4e rang et grandes frégates
Frégates de 5e et 6e rang
Corvettes
Échelles de pointage par l'axe.
Canons de 18 à 36
Caronades de 24 à 36
N° 2. Indiquant où il faut viser pour frapper aux Gaillards
Échelles de pointage par l'axe.
Caronades de 24 à 36
Canons de 18 à 36
Mâture des bâtiments (anglais)
Vaisseaux de 1er et 2e rang
Vaisseaux de 3e et 4e rang et grandes frégates
Frégates de 5e et 6e rang
Corvettes
Échelles de pointage par la ligne de mire.
Caronades de 24 à 36
Canons de 18 à 36
N° 3. Indiquant où il faut viser pour frapper aux
Échelles de pointage par la ligne de mire naturelle.
Canons de 18 à 36
Caronades de 24 à 36
Mâture des bâtiments (anglais)
Vaisseaux de 1er et 2e rang
Vaisseaux de 3e et 4e rang et grandes frégates
Frégates de 5e et 6e rang
Corvettes
Échelles de pointage par l'axe.
Canons de 18 à 36
Caronades de 24 à 36

Ligne de mire parallèle à l'axe.

Ligne de tir.

Ligne de mire naturelle.

Trajectoire.

But en blanc.

Portée.

a

b

c

d

e

b. a. c. Angle de mire naturel.

d. c. e. Angle de projection.

TABLE DES MATIÈRES.

PREMIÈRE PARTIE.

EXERCICES DIVERS.

NOMENCLATURES EXPLICATIVES DES DIVERS CANONS.

SECONDE PARTIE.

FIN DE LA TABLE DES MATIÈRES.

2094 Imp. Maulde et Renou, r. Bailleul, 9-11.

www.ingramcontent.com/pod-product-compliance
Ingram Content Group UK Ltd.
Pitfield, Milton Keynes, MK11 3LW, UK
UKHW020549180726
13838UKWH00001B/123